浅析人才测评中心理测验技术的实际运用

梁瑛楠◎著

吉林出版集团股份有限公司
全国百佳图书出版单位

图书在版编目（CIP）数据

浅析人才测评中心理测验技术的实际运用 / 梁瑛楠
著. -- 长春 : 吉林出版集团股份有限公司, 2022.6
ISBN 978-7-5731-1623-9

Ⅰ. ①浅… Ⅱ. ①梁… Ⅲ. ①人才—心理素质—人员
测评—研究 Ⅳ. ①C96

中国版本图书馆CIP数据核字(2022)第110840号

浅析人才测评中心理测验技术的实际运用

QIANXI RENCAI CEPING ZHONG XINLI CEYAN JISHU DE SHIJI YUNYONG

著　　者	梁瑛楠
出 版 人	吴　强
责任编辑	孙　璐
开　　本	710 mm × 1000 mm　1/16
印　　张	8.75
字　　数	150千字
版　　次	2022年6月第1版
印　　次	2022年6月第1次印刷
出　　版	吉林出版集团股份有限公司
发　　行	吉林音像出版社有限责任公司
	（吉林省长春市南关区福祉大路5788号）
电　　话	0431-81629667
印　　刷	长春市华远印务有限公司

ISBN 978-7-5731-1623-9　　定　　价　78.00元

如发现印装质量问题，影响阅读，请与出版社联系调换。

目　　录

第一章　人才测评的理论与方法概述

第一节　人才测评的概念

人才测评作为一种评价和选拔人才的有效手段逐渐被人们接纳和认同，在许多实践领域得到广泛使用的同时，又为人力资源管理提供了科学依据。但人们常常误用人才测评，究其原因是没有对人才测评的概念进行科学清晰的界定，从而限制了人才测评的科学运用，也不利于构建公平、公正、平等、竞争和择优的用人机制与选拔理念。因此，对人才测评概念进行科学的界定，对发展人才测评理论与技术，以及发挥人才测评的自身价值具有重要意义。

一、常见的人才测评观

随着社会需求的日益增长和人们对人才测评活动价值的不断了解，与之相关的文献资料也迅速增多，对人才测评活动持有不同观点的学者也发出各种声音。由于目前国内的观点主要集中在考核、考试和心理测量三大学术与实践领域，所以常见的人才测评观一般主要围绕考核测评观、考试测评观和心理测量测评观三种观点来进行探讨。

（一）考核测评观

"人才测评"这个概念最先是由人事考核工作者提出的。传统的人事考核常用的方法是与被考核者本人及周围相关人员以座谈会等方式进行谈话，并根据收集来的意见对被考核者进行评价。这些方法有很大的局限性，如收集到的意见是否能够真正代表被访谈者的真实想法；得到的信息较为宽泛，真正有用的信息可能很少；考核在很大程度上取决于考核者的主观臆断；等等。随着社会的不断发展，人事考核工作者也意识到传统人事考核的这些不足，因此他们也积极探索出了新的考核测评方法：一是干部德才测评法，这种方法是将要考核的素质部分进行分解，以定量的方式打分，最后综合评定；二是民意调查法，考核测评同样引进了定量的因素，可以较为全面地对一个人进行评价，并将群众对此人各项素质的看法勾画出来，使用这种考核测评方法的同时，还可以进行单位内部、局部的横向比较。但这种考核测评方式的不足之处在于，它与传统的考查方法相比较，不易形成综合性的文字描述材料。

（二）考试测评观

中国是世界上最先实行考试的国家，从隋朝以来就一直采用考试的方式来选拔人才，因此持考试测评观的人认为现代人才测评是传统考试的现代发展和延伸。他们认为考试即对人才的评价，考试内容也需要满足对人才素质评估的要求。

考试是学校考核学生学业成绩的制度，是检查学生学习情况和教师教学效果的重要方法之一。这个定义主要是从学生学习成绩的测量与评定上讲的，而其在社会上的定义则要宽泛得多。有学者把考试分为广义与狭义两种。广义上的考试是指凡人类社会具有测量、考查、检验、评鉴和鉴别人的德、学、才、识、体等个别差异性质的活动，都属于考试的范畴；而狭义的考试是指主试者根据一定的社会要求，在一定的场所，采取一定的方式方法，选择适当的内容，对应试者的德、学、才、识、体（诸方面或某方面）所进行的有组织、有目的的测验或甄别活动。另外，还有人认为考试可以被划分为不同的层次。第一层是测定人是否具有能力、知识、技能、性格等方面及其所达到的程度的方法，即进行一种测量；第二层是收集、利用多种测量信息，根据一定（教育）目的、目标，进行判断、评价的过程；第三层是利用多种信息进行合格与否的判断，对通过考试的人授予一定的资格和地位。虽然上述定义之间具有一定的差异性，但它们的共同点在于，都说明了考试主要是测查应试人才的知识、能力、技能等，而不包括对心理品质、实际工作绩效的考查。

（三）心理测量测评观

持心理测量测评观的学者认为，心理测评主要是运用标准化的心理测验对个体的职业能力、职业兴趣、工作经历、价值观及人格特征等进行有效测量，并对其各方面素质做出综合评定，进而实现人与职、人与事的合理匹配。考试注重对知识的考查；考核侧重对绩效的评估，它们对测评对象的心理素质，如智力、性向、个性、气质、动机、态度、兴趣等方面涉及的都很少；而心理测量正好弥补了这一缺陷。因此，心理测量在现代人才测评中占有很重要的地位。现代人才测评的理论基础和方式方法，主要来源于心理测量学中有关特质、测量、行为及心理统计的理论与方法，可以说是心理测量的科学性、学术性、规范性及结果的客观性的体现，相较于其他测评方法来说更具优势。

纵观上述三种人才测评观，都不算是完整意义上的现代人才测评，将其中任何一种等同于现代人才测评，都是对现代人才测评概念的片面理解。如果采取单一的方式进行测评，如考核只侧重绩效评估，而对被考核者的身心素质、潜在能力与个性特征等不够重视；考试只注重对知识和能力的考查，但没有对心理品质、实际工作绩效的测度；心理测量只是对人的心理特征的考查，将无法客观全面地了解个人。正是由于个体持有的测评观不同，使他们对人才测评的内涵理解也不尽相同，并提出了不同的人才测评概念。

二、人才测评概念内涵的解析

（一）人才测评中的两个方面

测量与评定是人才测评活动中经常提到的两个概念，虽然这两个概念在实际中经常被联系在一起，但它们之间是有本质区别的。有人认为测量是用多种测量技术和统计方法对人员所进行的描述，通常用数字来表示；评定则是按照测量所做的描述来确定素质的价值，对素质进行客观的衡量。类似的说法还有测量是指以量化的方式对人的能力倾向、个性特征进行测试；评定是以定性化的方式对人的能力倾向、个性特征进行鉴定或判定。

简单来说，测量是定量分析，评定是定性分析；测量是客观描述，评定是主观判断。定量分析是人员素质测评科学化的重要保证，评定则是应用这种数学描述来确定测量对象的价值和意义。测量和评定的对象是同一事物的质和量两个方面，即量值和价值。

但两者又是相互联系的。测量是评定的基础和前提，评定是测量的归宿和目的。测量是第一步，是收集客观资料的过程；评定是根据所收集到的事实材料，对人才素质做出价值上的判断，是测量的深化。测量为评定提供了丰富和精确的信息和资料，使评定建立在更加客观的基础上，减少了主观因素的影响；而准确的定性评定又为更进一步的客观测量指明了方向和目标。二者互为条件、相互制约、不断往复，构成了有机统一的测评整体。

虽然测评包括测量和评定，但并不是两者的简单组合，而是由测量和评定组成的统一整体。人才测评既有对主观判断的客观分析，又有对客观材料的主观分析。把两者有机地结合起来，才能达到主客观的统一，做到规范、标准、公正地评价人才。

（二）人才测评是一种有目的的活动

人才测评活动是具有明确目的性的实践活动。根据测评的目的，人才测评可以分为选拔性测评、配置性测评、开发性测评、考核性测评和诊断性测评。每一种测评都有其独特之处。例如选拔性测评主要用来选拔优秀人员，因此这种测评活动要求把最优秀的求职者与一般性的求职者区分开来，测评标准非常严格，且过程客观化；配置性测评是以人力资源的合理配置为目的，强调根据不同的岗位要求来寻找合适的人才，整个测评活动要围绕岗位需求来进行合理安排；诊断性测评是以了解素质现状为目的，从人员素质方面去寻找管理中出现问题的各种原因，因此测评的主要目的在于寻找原因，要求测评内容要十分精细。在实施人才测评时，一定要先明白测评的目的，然后根据目的采取不同的测评方法和技术。因此在界定人才测评概念时，有必要指出人才测评的目的，而不是为了测评而测评。测评只是以优化人力资源管理为目的所采取的一种手段。

（三）人才测评的核心是心理测评

在具体的人才测评活动中，既要通过标准的科学仪器，对个体的身高、体重、四肢等这些生理特征进行考查，更要对个体的知识水平、能力及其倾向、工作技能、工作绩效、个性特征和发展潜力等心理特征加以了解。从总体上来看，人才测评的核心应该是心理测评，这是因为个体心理特性是影响个体发展和事业成功的关键因素。

（四）人才测评的方法与技术的多样性

人才测评的方法和技术是多种多样的，既有定量方法，又有定性方法。但无论是定量方法，还是定性方法，在具体应用时自身都具有局限性，因此在人才测评中应该把两者结合起来使用。常见的测评方法和技术主要有心理测验法、面试法、评价中心技术及履历档案分析等。心理测验是心理测量的一种具体方法，是结合行为科学与数学的相关知识，对个体的特定素质在特定群体中所处的水平加以评定的手段；面试是一种经过精心设计，在特定场景下以面对面的交谈和观察为主要手段，由表及里测评应试者有关素质的一种方式；评价中心技术是采用多种技术和方法对被测评者进行测评的一种方式，它最主要的特点之一就是情景模拟；履历档案分析是大家最熟悉的一种方式，它可以迅速排除不合格的人员，且成本较低。因此在测评活动中，要根据具体的情况采用适当的方法，扬长避短，可以采用多种方法一起进行测评，而不局限于单一的某一种方法。

因此综合来看，人才测评是指根据一定目的，综合运用定量、定性等多种方法，对个体的知识水平、能力及其倾向、工作技能、工作绩效、个性特征和发展潜力，实施测量和评定的人事管理活动。只有把测量和评定结合起来，才能真正做到对人才进行公平、公正、公开的测评，从而为人力资源管理活动奠定基础。

第二节　人才测评的特点、功能与原则

人才测评活动作为一种科学实践活动，是在心理学、统计学、测量学、行为科学等多种学科的理论基础之上形成的，这就导致了其具备不同于其他社会实践活动的特点和功能，因而其在具体实施过程中的原则自然也就与其他实践活动有所不同。

一、人才测评的特点

（一）人才测评是一种心理测评，而不是物理测评

在人才测评活动中，基于测评目的的不同，测评的内容也有所不同。其中，既涉及个体的知识水平、能力及其倾向、工作技能、工作绩效、个性特征和发展潜力等心理要素，也涉及个体的身高、体重、血压、心跳等心理指标，还涉及个体的家庭背景、成长经历等社会学信息。但总体来说，心理素质在个体发展中起到了关键作用，因此决定了人才测评的核心是心理测评。

与物理测评相比，心理测评虽然与它有多方面的相同点，但心理测评作为一种特殊的复杂性社会认知活动，具有一些物理测量所不具备的特殊性。这些特殊性首先体现在测评的主客体上。在心理测评中，测评者和测评对象都是生活在

社会现实中的个体，是具有主观能动性的人，因此也就决定了心理测评的主观性。同时，心理测评测量的是个体的性格、气质、能力、兴趣及价值观等心理现象，而这些检测对象具有内在性、隐蔽性和无形性等特点，跟物理现象相比更加复杂、更难以测量，并且不能像物理测量中那样可以使用kg、m等确定下来的度量衡，这在一定程度上决定了心理测评的模糊性和间接性。

心理测评的特殊性表明，我们不能简单采用物理测量的方法和技术实施人才测评，不能把复杂的人才测评简单地等同于客观的物理测量。因此在具体的人才测评活动中，要充分考虑到测评者和测评对象在心理上的特殊性，才能得到科学可靠的测评结果。

（二）人才测评是一种抽样测量，而不是具体测量

从理论的层面上说，在人才测评活动中，测评的取样范围越广，收集的相关信息越充分、越全面，测评结果就越有信度、越客观，也就越能真实地反映一个人真正的能力素质水平。但在实际操作中，那种企图对测评对象实施全面测评的想法是行不通的，也是完全没有必要的。因为无论测评者如何努力，都不可能掌握到被测评者素质的全部信息，而且人才测评的具体实施过程还受到了经济和时间上的限制，所以只能按照以部分代整体的原则，在保证样本代表性的前提下，对不同时间、空间和情境之下的行为进行抽样测量，得到对少数代表性行为的测量结果，从而从样本的测量结果推断全部待测内容的特征。

人才测评是一种抽样性的测量活动，样本的质量和代表性在一定程度上决定了人才测评活动的成败。因此，在基于现代统计学为我们提供的多种有效的抽样方法和策略的基础上，专业的人才测评人员要掌握和了解不同抽样技术的优缺点，依据实际测评活动的要求采取有针对性的抽样策略。

（三）人才测评是一种相对测量，而不是绝对测量

测量中计算事物量的起点叫作参照点。目前，在现有测量中存在两种参照点：一种是绝对零点，如测量事物的重量和长度是以"恰恰没有一点重量""恰恰没有一点长度"为计算起点的；另一种是相对零点，它是人为规定的参照点，如以冰点作为温度的零点，但在这里假设某物温度为0℃，并不意味着它一点温度也没有。

在人才测评活动中，从测评者的主观意愿来说，我们都希望能够尽量客观地反映被测评者素质的实际状况。但由于人才测评的对象是人的素质，而人的素质体现在个体活动的全部表现中，所以针对素质的测量，没有理想的绝对零点，只有相对零点。比如某个个体的逻辑推理能力在笔试成绩上表现为0分，只能表明该个体在考试中全部试题都答错了，但并不表明他不具备逻辑推理能力。因此，每个人的素质测评结果都只是一个在连续体上占据的位置，我们只能从相对位置来对一个人的某种心理素质特征及水平做出判断。

人才测评的相对性还表现在人才测评的模糊性上。人才测评活动是人对人的测评，在测评者和被测评者之间存在着极大的主观性。被测评者素质的构成是极其复杂而又抽象的，而且由于心理因素的影响也常常会使被测评者出现"失真"的情况，并且被测评者的身心状态（如疲劳、疾病、情绪欠佳等）对测评结果也会产生很大的影响，此外测评者的专业水平、被测评者以往的测评经历、测评工具的选择、试题的编制、测评时间的安排、场地的选择等也都会对测评结果造成一定的影响。总之，正如物理学中有所谓的测不准原理，在人才测评活动中也存在测不准状态，即测评者对被测评者的鉴别评价不会完全符合测评对象的实际情况，测评结果既能反映被测评者素质的基本状态，又与被测评者真实的素质有一定程度的偏离。也就是说，人才测评既有测得准的一面，也有测不准的一面。

（四）人才测评是间接测量，而不是直接测量

人才测评的对象是人所具备的心理特质，如知识、技能、个性、智力、心理素质等属性，而人的心理特质不像物理现象那样看得见、摸得着，甚至可以直接用某种测量工具进行测量。心理特质最突出的特点之一就是抽象性，它是隐蔽在个体身上的客观存在，由个体心理活动特点所决定，并通过人的行为表现出来。

人才测评活动无法直接测量人的心理活动，只能测量人的外显行为。换句话说，就是我们不能对心理特质本身进行直接测量，但人的心理特质可以通过人的行为表现出来，所以我们可以通过个体的外在行为及其特征，进行间接推测和判断其内在的素质特征及水平。因此，我们在人才测评中可以通过一个人对测评项目的反应来推论出那些不能被直接测量到的心理特质。例如通过个体的行为举止来推测其内在修养水平的高低，通过个体待人接物的方式来推测其社交能力的高低等。

二、人才测评的基本功能

（一）诊断与反馈

人才测评的诊断与反馈功能是相互影响的。诊断功能是指采用一定的测评方法和技术对被测评者的相应素质进行客观测评，以发现测评对象在哪些方面表现优良，哪些方面还存在着缺点和不足。

现代人才测评技术可以通过测评找出被测评者的素质构成及发展上的问题与不足，从而对人才的素质状况进行具体诊断。由于测评是根据统一标准和特定方法进行的，因此测评者可以通过人才测评的全过程明确哪些员工的素质高及其素质高的原因；哪些员工的素质差及其存在的问题。现代人才测评主要包括人员的能力水平、个人特点等心理素质方面的内容。经过测评实践活动后，可以分析出现有人员总体能力的结构和特点，从而有利于对组织的运行情况进行诊断，为制定与选择人力资源开发方案、计划与改进开发工作，以及提出新的管理决策提供重要的参考依据。

反馈是以恰当的方式整理、记录测评结果，并转达给被测评者或相关人员（如委托业主、上级主管、家长、教师等）的过程。反馈可以为诊断意见和提升素质提供有效方案，帮助被测评者了解自身的优点与不足，并进一步指导其如何发扬优点，改进不足。反馈可以让被测评者或相关人员了解人力资源开发过程中的问题，掌握人力资源开发的进程及素质形成的情况。

（二）甄别与评定

甄别与评定是指对被测评者的身心素质、能力水平、道德品质和工作绩效等做出甄别和评定。这是人才测评最直接的测评功能。

人才测评最显著的特征是把被测评者的行为特征与某种标准进行比较，以确定其素质的构成与成熟水平。任何人的素质都可以被确定在一个相应的位置上，以此来表明素质结构的优劣与水平的高低。但如果人才测评缺乏评定功能，就等同于一般的调查与了解了。人才测评可以把人力资源管理者的开发期望与被测评者的自我修养有机地结合起来，促进个体素质的进一步提升。因此，与传统的测评相比，现代人才测评能依据测评的目的和要求，对被测评者进行更为客观和准确的鉴定，并能够将鉴定的结果以定量或定性的方式表现出来。

（三）预测与激励

人才测评的预测与激励功能是由前两种功能延伸出来的。预测是指通过对事物当前状态和发展趋势的把握，而对事物未来的发展情况所进行的推测。人才测评主要是为预测提供丰富且准确的，有关个人或群体当前发展水平的信息。人才测评，尤其是心理素质测评，是在对素质现在及过去的大量表现行为的全面概括与了解的基础之上，判断素质表征行为运动群的特征和倾向的过程。因此测评者可根据素质表征行为发展的历史轨迹及其趋向，对被测评者的素质发展进行某种预测。预测功能的正向发挥即表现为选拔作用，主要用于人才上的选拔，如公务员录用、企业人员招聘及特殊人才选拔（飞行员、军事人才、高级管理人才等）。

人才测评的激励功能是指测评能激发人们积极向上的愿望和动机，使人们能够自愿自觉地努力学习和工作，从而不断提高每一个人的素质和工作能力。每个人都有自尊和积极进取的需求，都希望自己在测评中取得好成绩、好结果，其获得肯定性评价后的行为将会趋于高频率出现，而其获得否定评价后的行为则会趋于低频率出现。因而测评实践活动可以促使被测评者产生压力、动力与活力，激励其更自觉、积极地接受并维护测评标准，促进被测评者的素质水平。但测评有时也会成为去激励因子，也就是它不但不能产生正面的激励作用，反而会产生消极的负面影响；不但不能激发人们进取向上，反而会压制人们进取的愿望，产生破坏作用。

三、人员测评的基本原则

人才测评是建立在比较客观、量化和科学测量的基础之上的。为了保证评定结果的可靠性和有效性，它应当遵循以下几种原则。

（一）测量与评定相结合的原则

测量是依据某种法则和操作程序，给事物或事物的属性确定出一种数量化的价值；评定是根据某种标准确定测量对象的价值和意义。测量是一种定量分析，侧重于对客观现实的描述；评定是定性分析，侧重于经验判断和观察。在人才测评过程中，定量的测量和定性的评定是一个有机的整体，测量和评定的关系可以理解为测量是评定的基础，而评定则是对测量的延伸，定量的最终目的是定性。所以在对测评信息进行统计处理和诠释时，要注意将测量与评定相结合。

（二）精确与模糊相结合的原则

心理素质是一个抽象的概念，虽然我们可以仅凭观察得到一个笼统的"行"或"不行"的判断，但是这种粗略的评判既不能显示出人与人之间的差异程度，也不能说明一个人自身各种心理因素之间存在的差异程度，所以模糊测评应具有一定的弹性，不一定要按照规定要求严格核定。而精确测评，是指任何一种测评信息与任何一个评判，都力求准确可靠，不用无根据的结论和无依据的信息。因此，在人才测评中必须寻求精确和模糊之间的平衡，在模糊之中求精确，在精确之中蕴模糊。

（三）普遍性与特殊性相结合的原则

在人才测评中，测评的方法、技术、内容和准则都具有普遍性，比如常用的测评方法和技术包括心理测验法、面试法、履历档案分析和评价中心技术等。测评的内容包括运用一系列的科学方法和手段对个体的知识水平、能力及其个性特征和发展潜力实施测量和评价。测评是针对特殊岗位的鉴定，要以不变应万变，因此在测评中也要体现出工作岗位和职能的特点。

（四）科学性与实用性相结合的原则

科学性包括两个方面的内容：一是要有科学的理论基础；二是测评方法要符合科学的标准。在进行人才测评活动时，要严格按照科学的程序来操作，从对个体的施测、评分到解释，都要依据一套系统化、标准化的模式进行操作。在进行具体的实际测评时应尽可能提高测评的科学性，但也不能不考虑现有的技术水平和测评条件，应该注重测评的实用性。因此，在实际测评工作中，应在这两者之间谋求一种平衡与协调。

（五）静态与动态相结合的原则

在人才测评中应该把静态测评与动态测评结合起来，不同的测评目的需要不同的测评方法来实现。静态测评是指对被测评者已形成的能力进行分析评判，是以相对统一的测评方式在特定的时空下进行测评，而不考虑被测评者前后的变化；静态测评则趋向于横向的比较，可以区分出同一类别素质的差异，可用于选拔和储备人员。动态测评是从能力和行为的形成发展过程而不是结果、从前后变化的情况而不是当前所达到的标准来进行的人才测评；静态测评是从发展的角度来看待人的素质发展，可用于激励和开发人力资源。在进行人才测评时，要用动态与静态结合的方法全面地了解各层级人员的素质。

第三节　人才测评的方法

人才测评的方法较多，根据不同的标准有多种分类方式：按测验功能分类可分为能力测验、个性测验；按测验方式分类可分为个别测验、团体测验；按测验材料分类可分为文字测验、非文字测验；按测验的应用分类可分为教育测验、职业测验、临床测验；等等。其中，根据测验的特点，人才测评的方法主要分为以下六种。

一、观察法（面试法）

观察法是指研究者在日常生活条件下，直接观看、了解和分析他人的言行、表情、动作行为等，以此来判断其心理活动的一种方法。观察法虽比较原始，但其应用的范围是最为广泛的。观察时要求明确目的，在自然条件下进行，当时必须做详细记录。面试法是一种经过精心设计，且在特定场景下，以面对面的交谈与观察为主要手段的由表及里的一种测评方式。所谓精心设计，是指它与日常情境下进行的面谈、交谈有区别，其面试是有目的、有计划、有明确的指向性的，并且是在特定的情境下进行的素质测评活动。面试法是对应试者的仪表、态度、言语、情感、反应、活力、智力、能力等当场进行观察，以评判其各方面的素质。

面试方式可分为以下几种形式。

（一）模式化面试

主试人员可根据事先准备好的询问题目和有关细节逐一进行发问，其目的是为了解应试者真实、全面的情况，并借此来观察应试者的仪表、谈吐和行为及沟通能力。模式化面试适用于招聘一般管理人才、科技人才及各类后备人才。

（二）问题式面试

主试人员对应试者提出一个问题或一项计划，请应试者进行解决，以观察其分析和解决问题的能力、应变能力、意志品质和心理素质等。这种面试方式适用于招聘中级人才。

（三）非引导性面试

主试人员与应试者可随意进行交谈，无固定题目、无限定范围，让应试者能够自由地发表议论，抒发感想。这种面试意在观察应试者的知识面、价值观、谈吐和风度，了解其表达能力、思维能力、判断能力和组织能力等。这是一种高级面试，需要主试人员有丰富的知识和经验，以及高超的谈话技巧，否则很容易导致面试失败。这种面试方式适用于招聘高、中级管理人才。

（四）压力式面试

主试人员在谈话过程中，有意识地对应试者施加压力，并针对某一事件进行连续发问，以一种打破砂锅问到底的架势给应试者造成一种紧张氛围，其主要目的是为了观察应试者在突如其来的压力面前的应变能力和人际交往能力。面谈时需要主试人员掌握高超的谈话技巧，严格但不对立，同时要能掌控面试时的气氛变化，如若运用不当，则可能引起应试者的反感，进而导致面试失败。这种面试方式一般适用于招聘特殊岗位人才，如营销人员、精密仪表仪器的技术人才、安全保卫人员、特工人员、宇航员等。

二、自陈法（问卷法）

自陈法是测评人格时最常用的方法，所谓"自陈"就是让被测评者个人提供关于自己人格特征的报告。在量表中包括一系列陈述句及问题，每个句子或问题描述一种行为特征，要求被测评者判断出是否符合自己的情况。

自陈量表的题目形式有是非式、折中是非式、二择一式、文字量表式、数字量表式等。

在人格测验中，被测评者本应按照自己的实际情况作答，但有人为了给别人留下好的印象或是把自己假装成具有某种特征的人，有时会作出不符合实际情况的回答，我们把这种行为叫作反应心向。比如，有的人明明忌妒心很强却为了迎合主试人员说自己忌妒心不强。除了题目内容可以决定反应心向外，还有一些其他反应倾向也会对测验结果产生影响，比如猜测、默认、折中等。这种独立于题目内容的反应倾向称为反应方式。因此为了使测验准确可靠，在自陈量表中通常都采取适当措施来识别、控制反应心向和反应方式。

三、测量法（测验法）

任何测量都需要使用相应的测量工具来完成测量任务，比如测量长度时使用的工具是量尺，测量重量时使用的工具是秤（天平）。而进行心理测量时使用的工具一般是一套（或一份）包含各种题目的量表或规定表演的某些动作，用来测量人的某些属性的数量特征。测量法（测验法）就是根据客观的标准化程序来测量个体的某种行为以判定个体差别的方法，因为测量的结果以记分的形式出现，所以有可能出现对不同人的心理优劣进行比较的情况。换句话说，各种测量都是由一系列能引起个体反应的项目所组成，给个体的每一个项目反应进行评分，最后根据得分的解释来间接地判断这个人的心理特性。

如果测验题是用文字和数字进行编写，则往往偏于习得的知识，这对于来自不同文化、不同社会阶层的人来说未必是公平的。因而，只能在选题上遵循"大家都有机会学到的"与"大家都未学过的"两个原则，尽量排除学习经验或文化因素对其产生的影响，不以语文或数理知识作为题目进行测验，且测验题材都改为图形、动作等。

测量法与自陈法相比，其被测评者无法有意识地进行防卫，只能按照测验的要求将自己的情况如实反映出来，因此其测验结果比较客观、可信。

四、投射法（自由反应法）

投射法是指根据对暧昧的刺激所作出的反应方式，去理解被测评者的内心机制。投射法起源于临床心理学和精神病的治疗方法，主要作为诱出被测评者内心思想情感的一种手段来使用。当不宜直接提问或所研究的目的不便暴露时，就可以使用投射法进行检测。

投射法是将无意义、模糊、不定型或暧昧不清的图形、句子、故事、动画片、录音、哑剧等呈现在被测评者面前，不给他们任何提示、说明或要求，之后询问被测评者看到、听到或想到了什么。因被测评者在模糊不清的刺激面前的反应行为很少受到认识因素的影响，被测评者可以自由反应，不受约束，所以在这种情况下，潜藏于被测评者心底深层的东西会活跃起来，并主导个体的反应行为。这种情况下表现出的反应行为就能反射出被评者的内情或潜意识，以及其深层的态度、冲动与动机。被测评者的反应除了取决于呈现的刺激外，当时的环境、本人的心情、以往的经验及个性特征等因素，也会对反应的性质和方向起着较大的影响和作用。所以，对同样的刺激情景，不同的个体将会产生截然不同的知觉和反应。

因此，投射法的特点主要表现为以下三方面。

①测评目的的隐蔽性：

被测评者只是对所呈现的图形、故事或句子等刺激作出反应，他们并不了解测评的目的，但他们的反应行为却把内心的一些隐蔽的东西展现出来了。

②内容的开放性：

由于试题的含义模糊不清、似是而非，所以被测评者可以不加限制地想象，也就更能引发其内心的真实需要、动机和态度。

③反应的自由性：

投射法对被测评者的反应不作任何限制，也就是说被测评者不受任何约束，全是自由展现出来的反应。

五、模拟法（仿真法）

情景模拟法能较好地反映人才的行政管理才能，它最初是由美国心理学家H.茨霍恩（H.Hayt-shoyne）等人提出，是根据被测评者可能担任的职务，编制一套与该职务实际情况相似的测试题目。将被测评者置于一个模拟的仿真工作环境中，要求被测评者处理可能出现的各种问题，并对其处理实际问题的能力、应变能力、规划能力、决策能力、组织指挥能力、协调能力、团队合作能力等做现场的模拟考核，以确定被测评者是否能适应该工作岗位和具体的工作。这种方法的测试结果能较好地预测今后的实际工作效果。

情景模拟包括公文处理、无领导小组讨论、角色扮演、即席发言、书面案例分析、面谈模拟、事实判断、管理游戏、逆境对话、小溪练习、建筑练习等。其中，小溪练习的测试方法是给一组被测评者一个滑轮及铁管、木板、绳索，要求他们把一根粗大的圆木和一块较大的岩石移到小溪的另一边。这个练习只有通过被测评者的努力协作才能完成。通过练习可以客观、有效地考查被测评者的领导特征、能力特征、有效的智慧特征和人际交往特征等。建筑练习要求被测评者用木料建造一个很大的木头结构的建筑，有两名"农场工人"A和B（由测评辅助人员装扮）帮助建造。其实A和B是按照预定的安排行事的，A表现出被动和懒惰的特征，B表现出好斗和鲁莽的特征，A和B以各种方式干扰、批评被测评者的想法和建造的方案。该练习的目的是考查被测评者个人的领导能力，更重要的是研究被测评者的情绪稳定状况。

情景模拟不仅是一种人员甄选方法，而且在绩效评估、员工培训领域也被广泛应用。目前情景模拟已向虚拟的"情境模拟"趋势发展，即情境设计的形式多样，不拘泥于现实的工作环境，而是通过音像、多媒体、人机界面等形式来创造情境。

六、评价中心法（综合测评法）

评价中心法是一种以测评被测评者的管理素质为中心的标准化评价活动。在这种测试活动中，包括多个主试人员采取多种测评方法，围绕管理素质测评这个中心而努力。换句话说，评价中心法是一种运用多种评价技术的方法，它可以实现对一组候选人进行较为全面的评价，以达到选拔和诊断的目的。

评价中心法起源于德国心理学家H.哈茨霍恩与M.A.梅伊（H.Hartshorn & M.A.May）1929年所建立的一套用于挑选军官的先进的多项评价程序，用以测评被测评者的实际工作能力。此后，美国电话电报公司的摩西（Moses）博士经过实践，总结出一套关于评价中心的工作规范和道德准则，并获得1975年第三次评价中心国际会议的肯定。

评价中心的被测评者，通常都是准备提拔、调配或者培训的管理人员，他们来自企事业单位的基层、中层和高层等各个层次。被测评者的行为作为评价的对象，但评价的方法并不是进行简单的测试，而是与特定的工作职务有关，通过一系列的测验和模拟活动，来发现被测评者各方面的行为特点。评价中心法正是以这些结果作为预测的基础信息。

评价中心由多位评价人组成，一般控制在4～7人之内，以小组的方式工作。他们可以是心理学家、有丰富经验的实践工作者及有关的领导。评价小组成员不要有被评价人的直接领导（最好在管理层级上要高出两级），要有高级的管理人员、人事工作人员和有关的部门领导参加。评价人和被测评者的比例以1：2

为宜，评价人员须进行团体讨论，以统一制定观察与行为维度等级指标，并在评价过程需分阶段进行观察和讨论，最后作出预测。

评价人员需要按照某个非常清楚的、已定的客观标准来进行评价，而不是在被测评者之间进行比较。

评价方法包括观察法、访谈法、纸笔测验、心理测验、自我评价法、小组讨论法、公文处理、角色扮演、管理游戏及其他形式。

（一）观察法

根据评价目的设计相应的观察量表，观察被测评者在活动过程中的行为表现，并作出比较评价。

（二）访谈法

用访谈的方法可收集被测评者的有关信息，例如个人的工作经历、工作动机、发展计划等。访谈一般在轻松的氛围下进行，主试人员不仅要善于用眼观察，而且要善于用耳倾听。

（三）纸笔测验

一般指问卷测验，指导语通常比较简单。被测评者需要根据试卷的各条目选项不加推敲，凭直觉填写答案，使用的问卷可以是爱德华兹个人爱好一览表、观点问卷、健康问卷、生活态度调查、个人史问卷等。纸笔测验的结果仅能作为对被测评人员作出最后决策讨论时的参考资料。

（四）心理测验

心理测验包括智力测验、各种人格测验（如投射测验与主题统觉测验）、各种操作能力和能力倾向测验等。这些心理测验相对而言，有较高的信度和效度，心理测验结果对人员的录用、调整、晋升具有重要的意义。因此，心理测验必须由受过系统心理学训练的心理学家来担任主试。

（五）自我评价法

通过被测试者的自我评价，可以更全面地了解被测试者的自我意识、兴趣爱好、目标追求、情绪情感、价值观等。

（六）小组讨论法

大多以模拟活动和小组讨论相结合的方法来观察和分析被测试者的人际交往能力、语言表达能力、情绪调控能力、克服困难能力等。小组讨论中通常采用的典型形式是无领导小组讨论，将被测试者划分为不同的小组，每组4～8人不等，不指定负责人，大家的地位是平等的，要求就某些争议性较大的问题进行讨论，最后要求形成一致意见，并以书面的方式汇报。

主试人员一般是坐在讨论室隔壁，通过玻璃洞、电视屏或茶色单向透光玻璃观察整个讨论情境的过程，有条件的可进行录像或录音，看谁更善于把握讨论节奏，谁更善于集中正确的意见并能够说服其他人，从而达到一致决议。为了迫使小组讨论更加激烈，主试人员还可以每隔一段时间就发布一些有关议题中的变化信息，由此可以观察到有的被测试者会显得焦虑不安，甚至大发脾气，而有的被测试者则能沉着冷静的灵活应对，且处置自如，这也能够使每个人的内心相关素质暴露无遗。

（七）公文处理

被测试者被设定为假定接替或顶替某个管理人员的工作，需要处理其办公桌上堆积的一大堆急待处理的文件，包括信函、电话记录、传真、电子邮件、报告及备忘录等。它们是分别来自上级和下级、组织内部和组织外部的各种典型问题和指示、日常琐事与重要大事。所有这些信函、记录与急件都要求在2～3小时内处理完毕。此外，还要求被测试者填写行为理由问卷，说明自己这样处理公文的理由，必要时还可以找被测试者进行面谈，以澄清模糊之处。然后，主试人员把有关行为进行逐一分类，再予以评分。这一方式可以评价被测试者的组织、计划、分析、判断、决策、分派任务等各项能力，以及对于工作环境的理解和敏感程度。

公文处理形式按照具体内容可分为以下三种。

1.背景模拟

这种形式是在正式测试前，事先告诉被测试者所处的工作环境、在组织中所处的地位、所要扮演的角色、上级主管领导者的处事方式、行为风格，以及情景中各种角色人物的相互需求等信息，用以测评被测试者的准备程度与反应的恰当性。

2.公文类别处理模拟

在这种形式中，所要处理的文件有三类。第一类是已有正确结论的、且已经处理完毕归档的材料，因为这类文件已有定论，容易对被测试者处理方式的有效性作出直接判断；第二类是处理条件已具备，但要求被测试者在综合分析的基础上进行决策；第三类是尚缺少某些条件和信息，看被测试者是否具有提出问题和获得进一步信息的能力。

3. 处理过程模拟

这种形式要求被测试者以某一领导的角色参与公文处理活动，并尽量使自己的行为符合当下角色的行为规范。当被测试者在规定时间内阅读完背景材料后，主试人员即宣布测评活动开始，并告诉被测试者递交处理报告的时间，被测试者递交报告后，即进行讨论。主试人员可参与讨论或是引导讨论。在讨论的过程中，被测试者可自由发表自己的观点，并为自己的决策辩护。在讨论中不仅要讨论出答案，而且主试人员要让被测试者去预测自己的想法可能会带来的后果，并纠正自己的错误观点和决策，以激发其潜在的能力。

（八）角色扮演

在这种活动中，主试人员设置了一系列尖锐的人际矛盾与冲突，要求被测试者扮演某一角色并进入角色所处的情景，去处理各种问题及矛盾。主试人员通过对被测试者在不同人员角色的情景中表现出来的行为进行观察和记录，并测评出其素质潜能。

主试人员对角色扮演中各种角色的评价，应当事先设计好一个表格。其中，评价的内容分为四个部分：角色的把握；角色的行为表现；角色的衣着、仪表与言谈举止；其他相关内容，如缓和气氛化解矛盾的技巧、人际交往技能、情绪调控能力等。

（九）管理游戏

在这种测评活动中，小组成员各被分配到一定的任务，大家必须相互配合才能较好地完成任务。有时还可以引入一些竞争因素，通过被测试者在完成任务的过程中所表现的行为来测评被测试者的素质，如前面举例的小溪练习就可以加入这种测评活动中。

管理游戏是一种以完成某项"实际工作任务"为基础的标准化模拟活动，通过活动观察与测评被测试者实际的管理能力。其优点是能够突破实际工作情境的时间与空间限制，并且具有一定的趣味性，和一定的社会认知功能，还能够帮助被测试者对错综复杂的组织内部及外界的相互关系有一个更加深刻的了解。

（十）其他形式

1. 面谈模拟

要求被测试者与另一个下属或同事进行对等性谈话，面谈对象需要接受过专门的培训，要求按照标准化的方式向被测试者（面谈主试人员）提问、建议、回答问题，甚至作出一些令被测试者心烦意乱的行为（根据面谈模拟和具体要求而定）。主试人员在暗处观察被测试者如何与面谈对象进行面谈及如何解决有关问题。面谈模拟对于测评被测试者的口头交流技能、移情与机灵性、解决人际关系问题的能力等非常有效。

面谈模拟时间一般设置为15～30分钟，准备时间约8～10分钟。

2. 事实判断

在事实判断形式中，被测试者只能看到少量关于某一问题的信息资料，然后被测试者可通过寻问相关人员一些问题，获得其他方面信息。被测试者询问的人可能就是一些事先接受过专门训练的辅助人员或主试人员。事实判断非常适合测评被测试者收集信息的能力，尤其适合测评被测试者如何从那些不愿意，或不能够提供全部信息的人那里能够获取信息，并最终掌握事实的能力。此方法能够有效地测评被测试者的决策技能和承受压力的能力。

3. 书面案例的分析

在这种形式中，让被测试者先看到一些有关某个组织管理中的问题材料，然后要求被测试者向高层领导提供一份分析报告。案例中的问题可以根据管理、经营等实际工作中遇到的问题来进行设定，如制度、组织某产品的促销活动等。分析报告可以采用口头报告，也可以采用书面报告。此方法可测评被测试者分析问题的能力、相关的业务知识及管理经验等。

第二章　人才测评的起源和发展

第一节　人才测评的历史

一、古代测评思想的形成

从古至今，人们对于预测自己的未来一直保持着很大的兴趣。

我国古代哲学思想的核心就是关注人的生命的存在，即关注人的生活及生存状况。由于人改造自然的力量是有限的，因此早在春秋战国时期就出现了预测命运的算命术士。被奉为五经之首的儒家典籍《周易》，孕育出了各种有关预测人生命运的方法，诸如面相术、骨相术、占星术、八字占卜法等。东汉时期著名哲学家王充曾在《论衡·卷三·骨相篇》中指出："人曰命难知。命甚易知。知之何用？用之骨体。人命禀於天，则有表候见于体。"在王充看来，人的命运是由天定的，天意如何决定，必然会通过身体表现出来，看其骨骼相貌，就能知道这个人的命运。隋唐时期是我国相术发展的一个重要历史阶段，这一时期出现了数量繁多的命理术数书籍，且流传较为广泛，影响至今。它由最初的观察长相、声音、气色，发展到相眉、相鼻、相耳、相口、相额、相身、相手掌脚掌等各个方面。相术在宋元时发展到了鼎盛，在北宋张择端的知名画作《清明上河图》中就有相面算命的人物形象出现。

无独有偶，古罗马人同样很相信面相术。作为当时以雄辩著称的古罗马演说家马尔库斯·图利乌斯·西塞罗（Marcus Tullius Cicero）也曾说过"面相乃心灵的图像"这样的话。此外，古希腊著名的哲学家、数学家、天文学家毕达哥拉斯（Pythagoras），以及其他一些相信面相术的拥趸还搜集整理了很多资料，在某些特别的面相与性格特征之间拼凑出了许多奇妙的联系。哪怕是伟大的哲学家亚士多德也为此提出了很多观点："前额大的人偏呆滞，前额小的人用情不专；天庭横阔者易于激动，突出者好发脾气。"

其实早在2 000多年以前，古希腊医生希波克拉底（Hipocrates）就提出过著名的气质体液说理论：每个人身上都有血液、黏液、黄胆汁和黑胆汁四种体液。这个理论后来被罗马医生盖伦（Galen）与人的心理特性联系起来，组成了13种气质类型。最后简化为现在常见的四种气质类型，即多血质、胆汁质、黏液质和抑郁质。每一种气质类型的特点都是某种体液占主要优势的结果，并伴有特定的心理表现。例如多血质的人主动、活泼开朗，善交际，对外界反应迅速，情绪兴奋性高，具有外向的性格，事业一旦不顺，则热情大减，情绪波动起伏很大；胆汁质的人精力充沛，行动迅速，直率果断，情绪兴奋性高而强烈，易冲动莽撞、烦躁粗心；黏液质的人则偏于内向平静，不轻易暴露内心活动，办事认真仔细、有耐心、有条理性，但不善交际与言谈；抑郁质的人腼腆、敏感，情绪体验强烈，不畏惧困难，善于发现问题，但通常顺从、胆小且缺乏自信，常常表现出犹豫不决的行为。

由此可见，在古代，不论东西方都出现了五花八门地对命运的预测方法，并且也都出现了算命术士，这不仅仅是一种历史上的巧合。那个时期的人们对未来命运预测的热衷，反映了当时人类生存环境的艰难，以及掌控自身命运的能力的弱小；同时反映出当时人们迫切需要改变现实命运的决心，和对美好未来的渴望。古代算命术虽然是一种对人未来的预测，但其与现代意义上的人才测评不能等同而论。这是因为生活在古代的人们认识世界的能力有限，所以那时的算命术充斥着神秘的迷信色彩，且缺乏一定的科学性，有的甚至还发展成伪科学。最为典型的一个例子就是，现今社会中仍有八字占卜法在广为流传，它将人的生辰八字与"五行"元素金、木、水、火、土形成一一对应的关系，它们彼此之间相生相克，如水克火、火生土等，而且它是依据每个人生辰八字所对应的不同的五行状况，来预测人的未来命运的。例如有人出生那天的年、月、日、时的生辰八字都对应"火"，那就必须用"水"去"克"，起名字就该用与"水"有关的字，如"淼""沁"等，否则就会命运不佳，可见其所设置的前提与其相关因果关系看起来是十分荒谬的。而现代人才测评是一种建立在相关的理论及科学验证的基础之上，是有信度与效度检验的一种科学方法。

古代算命术虽然不是一种科学的预测方法，但也能从中看出这种对人的预测思想其实很早就已经形成了。

现在很多人认为，古代"人才测评"做得最好的是兴起于隋朝的科举考试。它虽然偏重于知识方面的测评，但已经反映出在官职选拔任用上的人才测评观念。孟子在战国时期就已经提出过"权，然后知轻重；度，然后知长短。物皆然，心为甚"的观点。科举考试的形式与现在的学校考试相似，纸面出题、以笔作答，经过考试选拔出的佼佼者便可以步入仕途。18世纪末，这种人才测评选拔制度传到了法国，使其开始建立了文官考试制度。如今的公务员考试虽然在内容、形式及结果应用上与以前相比有所不同，但它们的思路模式还是极为相似的。

科举考试作为一种智力上的角逐，已经延续了几千年，这足以证明它是我国古代行之有效的人才测评方法，适应了当时社会形态的需要。但科举考试却无法对智力以外，诸如品行、性格、态度、价值观等方面进行鉴定和评判。而现代人才测评的核心就是要对人的内在素质进行有效鉴定，并通过现代管理实践证明：人的智力对一个人的事业成功与否，并不是最重要的那个因素。

其实早在春秋战国时期，古人就提出过许多关于考查品德个性的好主张，例如孔子最早提出了七种观人之法："远使之而观其忠"——将被测试者派往远处任职，考查他是否仍然忠于国家；"近使之而观其敬"——把被测试者放在身边，考查他是否还遵守礼仪；"烦使之而观其能"——交给被测试者复杂烦琐的事务，考查他处理问题的能力；"卒然间焉而观其知"——突然向被测试者提出问题，来考查他的智慧；"告之以危而观其节"——告诉被测试者他的危险处境，来考查他的气节；"醉之以酒而观其性"——让被测试者醉酒，来考查他的仪态；"委之以利而观其守"——给被测试利益和好处，来考查他的操守德行。到了三国时期，又发展出了类似现在情景测评的方法，诸如刘劭提出的"八观五视法"、诸葛亮主张的"知人七法"等。

但可惜的是，我国古代的测评思想一直都是碎片化的模式，没有形成较为完整的系统化理论，因此也就更谈不上进行科学性的研究。

二、近代心理测验的形成与发展

在古代众多的预测方法中，有一些观点和思想对现代心理学中的人格理论产生了重要影响。其中较为经典的是古希腊医生希波克拉底和罗马医生盖伦（Galenus）先后推广发展的气质体液说，至今仍常被人提及；而面相术、骨相术、占星术仍有许多人在进行研究，只不过他们会用更为科学的方法来进行验证和实践。德国的恩斯特·克雷奇默（Ernst Kretschmer）和美国的威廉·H.谢尔登（William H.Sheldon）就坚信，不管是身体外形、性格类型还是精神状态，都是由荷尔蒙分泌造成的，它们之间应存在着一定的关联性，他们的体型理论在当时引起了极大的社会反响和学术关注。但到了20世纪60年代以后，体型理论就几乎退出了历史舞台。不过直到现在，仍有很多人认为一个人的身体特征，如脸部特征，与人的性格的关联是有一定依据的，只不过目前尚未找到一种较为客观的定量方法。日本的心理学家比较热衷于研究血型和性格的关联性，并以血型为依据来对职业、婚姻和爱情进行选择。

古代的预测方法都是以想象为依据建立起来的，这种想象因其不确定性构成了一种不可靠的推理预测。因为人的内在素质预测具有复杂性，所以使这种推理预测有了存在的合理性，就像八字占卜法至今仍有许多人在追捧。直到西方心理学的产生，对人的个性有了系统化的研究，才有了现代人才测评理论丰富的成果和验证方法。

1879年，德国心理学家威廉·冯特（Wilhelm Wundt）建立了世界上第一个心理实验室，并开始对个体行为差异进行研究，从而引发了旷日持久的心理测验运动。

1884年，英国心理学、人类学家弗朗西斯·高尔顿（Francis Galton）建立了"人体测量实验室"，一种新的智力测量方法宣告形成。高尔顿设计的智力测量方法具有数学特征，他在广泛收集人群样本后做出统计，并朝着定量分析的方向发展，因此体现出与古代预测方法本质不同的科学性。

1905年，法国的心理学家比奈·阿尔弗雷德（Binet Alfred）和西奥多·西蒙（Theodore Simon）成功编制了《比奈–西蒙量表》，用来鉴别和区分异常儿童和一般儿童，并对异常儿童进行特别的教育。随后他们又对量表进行了修订，使之成为适合各年龄层的智力测验工具，并在各国广泛应用和流传，影响巨大。如果说我国的科举考试属于一种选拔性的测验，那么比奈-西蒙的智商测试则属于一种描述性的测验。因为两种测验方法的目的不同，所以两者的主要区别在于，前者的考核分值是在同次考核范围内比较得出的结果，而后者的考核分值则是在更大的同龄范围内比较得出的结果。从运用的纵向层面上来说，显然后者更具有广泛的实际意义。比奈和西蒙同样采用了收集样本群的方法，将个体测验分数与样本平均分数进行比较，进而确定智力水平的高低。

自此之后，人格方面的研究因受其影响逐渐形成了六大理论流派：弗洛伊德（Freud）的精神分析流派、奥尔波特（Allport）的特质流派、艾森克（Eysenck）的生物学流派、罗杰斯（Rogers）的人本主义流派、华生（Watson）的行为主义与社会学习流派，以及凯利（Kelly）的认知流派。

由于理论上的百花齐放，与之相对应的心理测验工具也不断涌现，内容也不再局限于智力测验，而是从人格、能力扩展到焦虑、孤独、气质等多个方面。例如1939年韦克斯勒（Wechsler）的《成人智力量表》、1938年英国瑞文（Raven）的《瑞文标准推理测验》、卡特尔（Cattell）的《16PF人格测验》、1943年美国明尼苏达大学的心理学家哈萨维（Hathawag）和精神病学家麦金雷（Mekinley）发表的《明尼苏达多级问卷》，以及由迈尔斯（Miles）与布里斯格编制《MBTI人格问卷》等。

西方心理测验工具的产生，一般都会经历这样的过程：编制测验题目—抽取人群样本验证—确定有效的测验试题—形成测验工具。在这种过程中形成的测验工具一般都会具有较高的预测性。究其原因，是因为心理测验需要的是一种可定量的测验，而不是凭主观想象获取的判断。

这一时期对测验的形式也同样做了较为深入的探索。像瑞士人赫尔曼·罗夏（Hermann Rorschach）发明的"墨迹图测试法"，即将墨汁滴在一张白纸上，然后将纸对折，从而形成了浓淡不一、但完全对称的墨迹图画，在这之后要求被测对象对墨迹图做自由联想的表述，让被测对象在不经意间流露出真实的感情和想法，测试者根据已定的标准来分析判断被测对象的个性特征。此外，还有美国心理学家H.A.默里（H.A.Murray）和C.D.摩根（C.D.Morgan）发明的"主题统觉测验"。测试者先让被测对象逐一查看19张黑白图片，随后要求他为每张图片编出一个故事，每个故事的编制时间约为5分钟，其间可以自由发挥想象，最后根据被测对象所讲的故事内容，结合一定的测评标准对他进行个性分析。虽然以往的心理测验工具均是以纸面试卷作为测验载体，但这两种不同形式的测评各具优势和特色，都受到了人们的重视及好评。

当时的心理学家对人的测验大部分都出于教育与医疗的目的，鲜少考虑到这种测验在其他领域中的应用。这一情况直到第一次世界大战期间才有所改变。当时哥伦比亚大学的罗伯特·塞钦斯·伍德沃思（Robert Sessions Woodworth）教授临危受命设计一款简易快速的方法，用来辨别出情绪易受挫的新兵。尽管因时间仓促问卷设计得十分原始，但却颇有效果，它可以把正常人和有神经质的人区分开来。此后，伍德沃思的工作便是将人才测评引入更为广泛的实用领域。到了第二次世界大战期间，美国便将这种心理测验应用到挑选空军飞行员的测评范围中。当时培养一个飞行员的费用金额比较大，相当于一个人体重的黄金数量，且一般淘汰率较高，平均在60%～80%之间。换句话说，就是每培养3～5人中，最终只有1人完全合格。但经过测评后选拔出来的飞行员合格率可以提高到50%，也就是每培养2人中就有1人合格，大大降低了飞行员的培养成本。基于这项测评的优势，目前大多数国家在选拔飞行员时都要采取心理测验对其进行检测。

三、现代人才测评技术的发展

心理测验在军事上获得了成功后，心理学家开始认识到心理测验同样也可以应用到组织管理上。心理测验从早期的教育或医疗领域拓展到军事领域，后来又向社会管理等其他领域进行拓展，因此也就有了后期测评形式的新发展，如情景测评中的角色扮演、公文处理等。其中最成功的例子就是20世纪50年代美国电话电报公司建立的评价中心，对几百名管理人员候选人进行测试，随后将结果密封，8年后对直接提升经理者进行核对，结果有64%在预测之内。这使得人才测评的价值被人重新发展和重视，并确定了人才测评在组织管理中的地位。

评价中心被认为最早起源于德国。1929年德国建立起一套用于挑选军官的多项评价程序。军事心理学家设计了许多独特的评价方法，其中包括：①书面测验智力测评；②任务练习，要求参加者按照详尽的指令，在一条复杂的障碍道上完成一系列任务，从中观察他们的毅力和行为表现等；③指挥系列练习，让参加者指挥一组士兵完成一些任务或者向士兵们解释一个问题，进而观察候选人的面部表情及讲话形式等；④深入面谈，了解候选人的经历、教育情况和观念等；⑤对五官功能和感觉运动协调进行系统测验等。这个评价过程将会持续2~3天，由2名军官、1名内科医生和3名心理学家主持进行。

第二次世界大战期间，为了改变仅仅通过面谈挑选军官但经常遭遇失败的局面，英国在模仿德国评价中心的基础上成立了陆军部评选委员会（1942—1946年）。英国的陆军部评选委员会挑选军官的程序与德国相比有所进步。评价练习把候选人置于更为现实的环境中，其中包括小组讨论和体力任务等，被用来测评预先设定的领导才能的不同方面。其设计开发的经典情景模拟测验如小溪练习和建筑练习仍为现代评价中心所广泛应用。另外，英国心理学家还就评价中心进行了大量的实证研究，这也是评价中心研究历史上不得不提及的重要事件。

此外，美国战略情报局也于1943—1945年间建立了一套评价候选人个性的程序。他们在对候选人进行评价程序活动时强调情景模拟测验和绩效练习，但同样也重视面谈、履历表分析、句子完成测验、健康调查和工作条件调查、词汇测验等传统方法。有时还采用住宿安排的评价方式，让评价员和候选人一起在某个场所度过整3天的时间，并一起工作、吃饭、睡觉和生活。这种安排可以给考评员创造更多与候选人进行非正式接触的机会，从而能够进行更为真实的观察评价。战略情报局的多项评价程序堪称理论与实践相结合的典范，为评价中心在美国的大量应用打下了基础，此后在美国发展的大多数评价中心活动，都从中借鉴了许多思想观念和方法。

评价中心情景模拟测评彻底改变了传统心理测验的纸笔形式，创造性地设计出无领导小组讨论、公文处理、角色扮演、管理游戏、案例讨论、演讲等新型测评方法，将实际工作场景搬入评价中心，被测评者在一个模拟的情景中表现出真实的言行，有效地克服了心理测验中所遇到的最大问题——被测评者的掩饰行为，从而提高了测评的准确性。其有效性在许多企业和政府部门中已得到广泛认同，特别是在估计管理者潜力方面的预测力比其他人才测评更为显著。

传统的心理测验工具虽然在设计时经过了严格的程序，内部信度高，评判标准客观量化，施测成本低，一般对于基本能力的考查，如记忆力、思维能力、基本智力等较有效，但是却对交际能力、应变能力、解决问题能力、管理能力等与职位要求相关的能力难以有效测评。心理测验工具都以纸面形式出现，开发都要经历很长时间，并且一旦开始使用，就面临着外传的可能。就像一份试卷正式使用，做过的人就会将题目传开，使后来做的人分数提高，影响了测验的准确性。现在进入职场的很多人都知道卡特尔16PF测评工具，题目也到处流传，如一个人事先看过题目，再来参加此类测评，其测评结果就不准确了。尽管有专家做了修订，但只要公开应用就会被人传播。传统的心理测验工具最大的问题是其信度与效度会随着使用时间的延长越来越低。

可以这么说，评价中心是因为传统的心理测验工具存在着一定的弱点而产生的。评价中心将测评与实际工作结合起来，体现情景模拟的测评思想。从岗位胜任能力出发来设计测评情景，在真实的模拟中考查被测对象的实际能力，使被测评者无法掩饰自己。如公文处理，是目前评价中心最常用的测评形式。被测评者要在规定的时间内，完成摆放在公文筐中的信件、备忘录、电话记录、辞职报告等十几份与应聘职位关系密切的文件处理，从中可以看出被测评者的决策能力、沟通能力、授权能力、团队管理能力等。这样的仿真测评有效度非常高。评价中心所有项目的测评，都体现了这样的特点。评价中心具备多种测评形式，可以针对某个职位实行多形式测评，多名测评者对单个被测评者的行为作出判断，能够确保测评中心的效度，这也是与传统心理测验的不同之处。评价中心可以为一个组织的人力资源管理系统的众多职能，如人员招聘、选拔、培训、薪酬等提供有价值的信息，促进这些人力资源职能确实地为实现组织的目标服务。

评价中心虽然有效性比较高，但目前存在的问题是其使用成本比较高，所以其通常用于职位风险较高的中高级人才选拔。传统的心理测验的优势在于成本低，适合大批量测评，用于前期招聘甄选，更适用于淘汰。

广义上说，不管传统的心理测验还是现代的人才测评，都是对人的内在素质进行探测。但我们习惯上将以卷面形式的测试叫作心理测验，将以情景模拟为主的测评方式叫作现代人才测评。

目前的人才测评已突破了心理学的范畴，融合了管理学、组织行为学、人力资源管理、计算机科学等学科的理论与技术，从当初的为教育医疗服务转向为提高组织效益服务。对人的测评从心理测验到评价中心，人才测评已逐渐形成自己的特点，无论是技术和理论都显示出多学科的特征。

从以上的人才测评的历史线索，可以看到人才测评经历了三个阶段。

第一阶段——古代人才测评阶段（从古代到1879年冯特的心理实验室建立之前）。

这个阶段已出现了许多预测人生命运的方法，这些方法由于受到历史条件的限制，其科学性一直受到质疑，有许多方法充满了迷信色彩，但有些方法也对后来的测评思想产生了影响。例如，隋朝的科举考试，它是最早的人才测评形式，属于纸笔测验，目的是为朝廷选拔官吏。

第二阶段——近代人才测评阶段（从冯特的心理实验室建立到1950年美国电话电报公司评价中心建立之前）。

这个阶段出现了许多人格理论的研究成果，并开发了许多心理测验工具，主要有纸笔和投射两种形式。人格理论主要从人出发，了解人的差异对自身发展的影响，鉴定人的心理状况，主要用于教育与医疗。心理学的学科形成奠定了人才测评的理论基础，使之迈上科学之路。

第三阶段——现代人才测评阶段（从美国电话电报公司评价中心的建立到现在）。

现代的人才测评与传统的心理测验相比，一个根本区别在于：传统的心理测评从人的角度出发来设计测评工具，而现代的人才测评是从职位要求来评估一个人。前者的核心是区分人的差异，为未来发展明确方向；而后者的核心是做到人职匹配，为职位选拔合适人选。现代人才测评方式已突破了传统的纸面测评形式，以情景来模拟岗位的需求，有效度更高，是多学科综合运用的结果。传统的纸面测评形式借助电脑技术，已发展成人机对话形式，使施测成本大为降低，而效率大为提高。在如今的人才测评运用中，仍然发挥着不可替代的作用。

第二节　人才测评的发展趋势

人才测评是在人才学、心理学、社会学，以及有关人体科学的基础上发展起来的一门应用性学科，它主要包括思想道德素质、科学文化素质、身体素质和心理素质测评等内容。关于鉴别人才质量的优劣，如果是从上述四个方面进行全面的评价，大多数人不会提出质疑，但是在实际操作的过程中，在每项素质的具体内涵上，以及采用何种手段和方法去测量与评价它时，认识就不那么一致了，甚至很不一致。就我国的实际情况来说，在社会的不同历史发展时期，对人才的选拔和使用的标准也不同。20世纪80年代以前，用人单位在选拔和使用人才时主要看重政治（思想道德）素质，认为政治素质高的人比较好管理。但到了20世纪80年代，一度产生过度看重文化素质，仅以文凭取人的情况。到了20世纪90年代，多数用人单位以思想道德素质和科学文化素质兼备取人，特别是在科技发达、经济繁荣的城市，许多用人单位在选拔人才时，不仅重视人才的思想道德素质、科学文化素质，同时开始对人才的心理素质给予关注，并在人才选拔和职业分配中进行了有益的尝试。例如，北京、上海、苏州、杭州等地，在部分国家机关干部的招聘、"三资"企业高级管理人员的招聘、运动员及驾驶员等特殊职业人员的选拔中，将心理素质测评作为重要的评价指标，并取得了良好效果。近年来我国人才测评的发展趋势主要表现为以下几个方面。

一、人才测评的综合性

人才素质是一个综合性的概念，因为人的本质属性就是由复杂的多结构、多层次、多维度和多特征构成，所以对人的素质作出的评价应该是力求全面的、客观的。能够适应当今社会发展的现代化人才，不仅要具备良好的道德修养，认真负责的工作态度，埋头苦干的精神，而且要具备较高的科学文化知识和某种技术专长，同时还要具备高智能潜力和适应社会的能力，并且具备健康的体质。如果不从现代化人才的标准和长远的观点去选拔人才，而是凭以往的经验和做法，或是投其所好择才，必然会阻碍社会和经济的发展。我们应该具有这样一种共识，只有在全面认识和了解人的各方面本质属性的基础上，才有可能做到量才使用，人尽其才，才尽其用，充分发挥人才的个性之所长，以发挥人才的最大效应。这是对人才的全面、综合评价的意义和作用。

另外，从人才测评的指标、方法来看，其趋势是由单一指标、单一测评方法发展为多指标和综合测定法。由于任何一项测试指标和测试方法都有一定的局限性，它只能在某一层次、某一维度上，反映人的某种基本属性和特征，而只有尽量采用多指标的综合测试方法，才有可能对人的各种基本素质作出比较客观准确的评价。当然，在人才测评工作中切忌搞形式主义的花架子，以及华而不实的东西。人才测评是一项应用性和实效性都极强的工作，将时刻受到社会实践（包括用人单位、被测评者本人及周围人群）的检验。另外，人才测评工作测试量大，要求出结果的时间急促，如有时一次需要测试数百人，并且需要在两三天内拿出测评结果。所以，测试指标和方法的选择，应是经过实践的多次检验和筛选的，信度和效度较高，并能大面积推广应用的团体施测法。人才测评的综合性发展趋势是与它的科学性、实效性、简约性相联系的。

二、人才测评的科学性

人才测评要被更多的人接受和采纳，必须进一步改进自身的测评技术，提高测评的准确性。从今后的发展趋势看，一般问卷法（自述法）将被客观的实验法和模拟仿真法所取代。众所周知，自述法带有极大的主观性和随意性，即使编制量表者想了一些弥补的办法，但是主观的臆测绝不能代替客观的东西。所以我们不能浪费精力，去引进与修订那些国外的量表，而是要把我们的目标和精力放在创造设计、编制出适合国人素质测评的新的测评方法上，利用现代电子技术、仿真技术和数理统计原理及计算机工具等，将人才测评的科学性提高到一个新的水平上。特别是计算机的普及将会使人才测评的发展进入一个崭新的历史阶段，无论从测评量表的设计编制，还是常模的制订，都需要涉及复杂的图像和数据的处理。一次较大规模的素质测评的实施，需要计算机进行大量的数据处理工作，因此计算机的运用将会大大地推动人才测评工作的开展。另外，许多测评方法可以直接在计算机上加以实现，从测试到数据处理再到写出有关测评报告，均可由计算机来完成。

目前，人才测评的科学化时代已经到来，摆在人才测评工作者面前的首要任务是提高自身的素质和技能，以适应新时代的发展。同时，要壮大人才测评科学者的队伍，培养出一大批高层次、高质量、高素质的人才，去创造发展人才测评科学事业。

三、人才测评的产业化

我国的改革开放事业，需要大量的各类人才。各地人才市场的兴起，使人才作为"商品"进入了市场。尤其在经济发达地区，"人才集市贸易"遍布城乡，其活动的开展也十分活跃，已经对当地经济的发展起到了积极的作用，在人才管理体制方面，开始出现了人尽其才、才尽其用的良性循环机制。纵观全局，可以肯定的是，我国社会主义人才市场已经有了一个良好的开端：首先，它打破了纵向的计划分配人才的格局，在一定范围内冲击了那种"单位所有、部门所有、地区所有"的僵化的人才管理体制；其次，人才作为生产力的关键要素进入市场，人才的价值规律和作用得到了体现，激发了专业人才的智慧和创造力，较充分地发挥了他们的积极性、主动性；最后，它促进了人才管理的科学化、社会化进程。人才推向市场以后，必须有相应的政策和配套的措施相配合，从而进一步推动人事制度的改革。但是，我们应该清晰地看到，从高层次水平上说，我国兴起的"人才市场"还是社会主义人才市场的初始阶段，还有许多不完备的地方，无论是从理论上还是从实践方面看，都还不成熟，仍有许多问题需要进行深入的研究与探讨。

我国人事管理机构的主要管理对象是人才。人才通常是指那些受过专门培训或在某方面确有专长的劳动者，人才是劳动力的一部分，而且是劳动力创造价值更大的一部分，是推动生产力发展的关键部分，如果不充分发挥人才的作用，做到人尽其才、才尽其用，社会发展的进程将会减缓。近年来，各地"人才市场""人才交流中心"像雨后春笋般地相继成立，而且办得越来越红火，这种情况的出现正说明了现行的计划调配人才的管理体制和办法，存在严重的弊端，已经远远不能适应市场经济发展对人才的需求，如不加以改革，必然会阻碍我国经济建设发展的速度。所以，尽快建立适应人才自由流动，充分发挥人才价值的人才市场是社会生产力发展的需要。

马克思说："不是市场造就资本主义的分工，相反地，是以前的社会关系的瓦解以及由此产生了分工造成了市场。"我国社会主义市场经济体制的建立，加快了经济改革的力度。随着社会的转型、经济体制的转轨，以及市场经济的发展，对劳动人事部门、企事业单位及人才服务工作都提出了新的挑战，传统的计划经济模式下的劳动人事管理体制、用人制度必须改革。当然，这种改革涉及多方面的问题，而其中之一就是与人才测评工作有密切关系的。要按照市场的规律管理人才市场，市场经济的规律最核心的部分就是把公开、平等、自由竞争的机制引入市场，实行优胜劣汰。为此，就要建立一套科学、客观、规范的管理程序，或称为人才市场的管理软件系统。例如，工厂生产出一种新产品，要经过产品质量检验、分类、定价的程序，方可进入商品市场流通。而人才作为一种产品，同样要经过质量的检测（人才测评包括：工作态度、知识、技能、智能、个性及综合素质等），职业、职务的分类（人才档次：高级人才、中级人才、一般人才和特殊人才等）和确定工资报酬标准等程序，才可进入人才市场。而人才市场则应负责提供买卖双方的有关资料，真正形成买卖双向选择、自由贸易的格局。要形成这种局面，就必须打破传统的人事管理体制与方法，将行政干预降到最低限度，建立适应人才市场经营管理的科学体系。

从我国人才市场发展的趋势来看，要由现在的小市场，发展成为大市场。人才市场不仅要面向国内，而且要面向国际，建立人才信息库、检索中心，建立人才质量检测系统和人才信息网络系统，把各地的人才市场联系起来，变成统一的、功能齐备的人才大市场。为了适应人才大市场、大格局的需要，人才测评的产业化发展趋势势在必行，从中央至地方建立独立的、富有权威性的人才测评机构，由专家系统执行严格的检测程序的产业系统将会应运而生。随着形势的发展，国家可以将人才测评管理机构、人才测评研究机构和人才测评应用机构统一协调起来，使人才测评工作走上规范化、标准化、客观化和科学化的轨道，以确保人才竞争的公开性、平等性、择优性和合理性，为优化人才市场的外部环境和科学管理系统作出积极的贡献。

第三节　我国人才测评的现状与发展趋势

众所周知，当今社会竞争的实质就是人才竞争。正如当代著名的管理学家彼得·F.德鲁克（Peter F.Drucker）所说："所谓企业管理，最终就是人事管理，人事管理就是管理的代名词"。可以这样说，当今世界，已经进入到充分重视人自身的作用和价值的时代。如何提高劳动者的素质、开发人力资源，是知识经济时代具有战略意义的问题。而提高劳动者素质、开发人力资源离不开对人才素质的科学测评，本节主要是对我国人才测评的现状加以概括，并在此基础上把握我国人才测评事业的未来走向。

一、我国人才测评的现状

我国人才测评事业是在党的十一届三中全会以后，伴随着经济体制的改革逐步发展起来的，总体看来，目前还处于发展的初级阶段，并具有以下几个方面的特点。

（一）起步较晚，发展迅速

相对于西方而言，我国人才测评事业起步比较晚，但是发展迅速，主要标志有高考和自学考试制度的建立、公务员制度的建立、职业资格考试制度的确立和企业内部考核制度的建立等几个方面。

我国于1977年恢复了高考制度，通过高考将社会上的优秀青年选拔到高等院校进行深造学习。然而，有限的高等学府不能满足亿万青年的求知热情。1984年国家设立了自学考试，向全社会成员敞开了以"个人自学，国家考试"为特色的、没有围墙的大学的大门。自学考试掀开了以考试方法为主的大规模人才评价选拔浪潮。目前，高考和自学考试仍然在社会化的人才测评项目中扮演着重要角色。

为适应新时期我国社会发展和经济建设的需要，干部评价标准也发生了巨大的变化。随着"革命化、年轻化、知识化、专业化"这一新时期干部标准的提出，全国各级组织人事部门都大力提倡并开展了人才考核评价方法的新探索，将定量的方法引入考核工作，率先提出了"人员功能测评"这一概念。20世纪90年代后形成了一种以"德、能、勤、绩"为主要内容的公务员考核制度，所有干部和公务员每年都要定期进行考核。1989年我国开始在6个部门实行公务员录用考试试点。1993年颁布的《国家公务员暂行条例》第四章中，正式将考试录用工作作为一项制度规定下来。从此以后各地都有较大规模的公务员考试。随着1998年政府机构改革、2002年党的十六大和2003年全国人才工作会议的召开，公务员考试的数量和规模骤加，除非领导职务的公务员必须经过考试录用外，政府机关也将一些高级领导职务人员的选拔面向社会公开进行。

20世纪80年代末期，人事管理开始对传统的职称评定制度进行改革，实行"以考代评"或"考评结合"的方法取代原来的评定制度，拉开了以职称考试为核心的人事考试的序幕，共有29个系列的专业技术人员通过考试的方法获得了中级以下职称。1993年国家确立了职业资格制度、职业技能鉴定制度，并开始实行，共有4 700多个工种，分为初级、中级、高级、技师、高级技师五个等级，国家统一鉴定职业为秘书、推销员、电子商务师、人力资源管理师、项目管理师。从1994年起，国家已建立了完整的职业技能鉴定工作体系，每年参加鉴定的人数也以百万计。

进入20世纪90年代以后，随着经济体制的改革，我国的企业获得了更多的用人自主权，而普通公民自己择业的机会也逐渐增多。随着国外先进管理思想和方法的输入，如心理素质测验、情景模拟、评价中心技术等，企业内部考核制度都已基本建立，企业对人才测评的需要与日俱增。随着社会化进程的加快和全球化浪潮的冲击，人才测评的应用需求不断扩大，新的人才测评手段不断发展，从事人才测评研究和服务的机构也如雨后春笋般不断增多，各显风采。所有这些都象征着我国人才测评事业进入了一个繁荣发展的时期。

（二）市场巨大，竞争激烈

随着市场经济的确立、社会制度的发展和全球化时代的到来，我国的人才测评方法得以广泛应用，其市场潜力巨大，导致了激烈的竞争。具体表现在国家测评机构间的竞争和国际测评机构间的竞争两个方面。

1. 国家测评机构

我国由政府职能机构主办的测评机构主要有四大系统：一是以高考和自学考试为主要测评项目的教育考试系统，隶属于教育部；二是以专业技术资格考试和公务员录用考试为主的人事考试系统，由人力资源和社会保障部管理；三是对劳动者的职业技能进行鉴定的职业技能鉴定系统，由人力资源和社会保障部职业技能鉴定中心管理；四是以党政领导干部和国有企业领导人才选拔考核为主要测评项目的，组织部门的测评系统。除此之外，还有一些部委设立的专门进行行业专业人才测评的测评机构，如卫健委考试中心、财政部考试中心等。这些部委的测评机构业务相对独立，但要接受相关部门的测评机构的管理。这四大测评系统从中央到地方各级都建立有相应的测评机构，其测评业务均在全国范围内开展。这些国家测评机构在设立之初都以自己传统的管辖范围为服务对象，它们之间的竞争表现在它们都坚守自己的领地范围，并寻找时机争夺或占领新的测评市场。

2. 国际测评机构

随着我国人才测评市场的建立，国际测评机构也瞄准了这一巨大的市场，纷纷抢占中国市场。如英语水平测评，美国教育测验服务中心（ETS）很早就将英语水平考试（TOEFL、GRE和GMAT）输入中国，成为中国人进入国际大循环必须取得的通行证；随后，英国伦敦剑桥大学考试委员会的商务英语考试（BEC）又紧急登陆中国，成为我国人才进入外企工作的令牌；紧接着英国的雅思（IELTS）考试又在中国迅速发展，大有赶超托福（TOEFL，考试）之势。国内的测评机构也看到了这一市场，首先在大学生中推出了大学生英语四、六级考试，接着又要求中国公派出国人员必须参加出国留学外语水平考试（以前称EPT，后改称WSK）。参加这两种考试的总人数超过了几种国外的英语水平考试，但考试项目的影响力和效益却远不及国外同类考试。又如我国教育、劳动、人事三大测评机构都开设了计算机等级测评的项目，涵盖了大学生、专业技术人员和普通技术工人。但国外的一些大型公司（MICROSOFT、NOVELL、IBM、LOTUS）在中国开办的技术等级测评项目却很受欢迎，成为中国专业IT人士的首选，他们往往以获得这些公司的证书为荣。究其原因，一方面，在我国所取得的等级证书，其有效范围还只限于国内，影响了我国对外劳务输出；另一方面，国内的测评项目也限制了个体的发展空间。为此，我国的职业技能鉴定部门也引进了一些国际权威性资格鉴定机构的测评项目，例如现代保险行业中的精算师测评。这些与国际接轨的合作交流是必要的，但同时也带来了国内与国外同行业间的竞争。另外，由一些管理咨询公司结合他们的咨询活动所进行的一些中小型的测评项目，也已经在中国的一些企业里得到应用，很受企业的欢迎，这将是今后企业人才测评发展的重要力量。

（三）概念模糊，理论薄弱

在现有的文献中，"人员测评""人员功能测评""人才素质测评""人才评价"等术语较为常见。但在大众传媒和人们的习惯称谓中"人才测评"这一术语则更为常见，因而更容易被人们所接受和广泛使用。"人才测评"这一概念是20世纪80年代提出来的，在我国考试、人事考核和心理测量三大领域的具体实践中逐渐形成了三种不同的人才测评观，即考核测评观、考试测评观和心理测量测评观。这三种观点都是从自己的视角出发来认识和解释人才测评这一社会活动的，因而都具有其自身的局限性。但它们各自都对现代人才测评理论和实践的发展作出了贡献，这一点也是不可否认的。

相对于应用而言，人才测评基础理论的研究相对薄弱，自1990年代以来，关于人才测评的文章明显增多，但关于理论的探讨非常鲜见，这在很大程度上制约了测评技术的进一步提高，也阻碍了测评事业的进一步发展。

具体来说，主要有以下两方面问题。

一方面是，基础理论根基建设不足，如考试测评观强调人才测评的社会功能与作用，投入较大精力去研究考试历史演变过程和考试制度的变迁，等等。由于考试测评的内容总是在有限的范围内，且以知识测评见长，所以考试测评观将研究的重点集中在考试试题的编制和测评实施过程的组织方面。又如心理测量测评观看重测量理论和统计方法对现代人才测评的贡献，因而把视野集中在数学上，强调精确性和标准化，学术倾向很浓，而忽略了对现实的需要，仅仅把人才测评看成是一个具体、单一的活动，缺乏把人才测评活动纳入到整个社会和历史发展的背景考查的宏观思路。

另一方面是，具体方法的理论研究需进一步深入跟进。从具体测评方法来看，操作多方法少，应用多研究少，基本上是简单模仿西方发达国家已有的成果，缺少自己的理论研究。就无领导小组讨论测评技术来说，现在各单位的高级人才测评中都有一定借鉴和应用，但关于其应用效果怎样，评分者信度、效度评判的尺度如何确定，这些方面很少见到深入的研究。这些都阻碍了具体测评方法的推广和应用。

（四）体制僵化，技术落后

尽管我国的人才测评业引入了一些竞争机制，但从整体看，我国人才测评的管理体制基本还在沿用计划经济下的行政管理模式，这显然不能适应市场经济发展的需求和运行规律，种种弊端暴露无遗。其主要表现在相应的法制法规不完善、专业人才不足和测评技术不够先进三个方面。

法制法规的不完善主要体现在三个方面。第一，人才测评机构的商业化运作，加上从业人员缺乏专业知识，使很多商家只顾利益，对使用者产生一定的误导，损害企业和个人的利益，严重破坏了人才测评的长期、良性发展。第二，任何一种测量工具，无须批准即可投入彼用，而其效果如何，却无人过问。第三，测量工具的优劣难以判断，致使人才测评市场中，未经科学论证和测试、没有通过严格评审和认定的测评工具鱼目混珠，造成测评结果失真，从而加深了人们对测评的误解。例如由于目前尚缺法规约束，各种盗版测评软件在市面盛行，甚至像《韦氏智力测验》这样一些需要保密的测验工具也出现了盗版。因此，制定相应的法制法规，对人才测评市场进行有效的监督和管理成为当务之急。

众所周知，测评不是简单对物体进行测量，不仅要进行客观、全面的测试，还需要出具测评报告。这就要求测评者有丰富的理论基础及实践经验。在美国，对人才测评的操作必须由专业人士来执行，并对结果给予建设性的说明和解释。在发达国家，这种专业人员必须是博士，且经过专业考核获得专业资格认证，还必须经过反复培训，比医学还要严格。而目前在国内的人才测评从业人员中，虽然涌现了一大批优秀的人才测评专家，但从总体上看，人才测评队伍的整体素质不高。有一些是学者或研究人员兼做人才测评，而有一些则是长年从事人力资源管理工作的人员，转做人才测评。前者对先进的管理理念及方式不敏感，后者则缺少系统的心理测量学专业知识。另外，有的从业人员是从人事部门分流出来的，有的根本不具备人才测评的专业知识，还有的人才测评机构以营利为目的，忽视测评的信、效度问题。

相对于发展的迅速而言，测评技术却相对落后，具体表现在三个方面。第一，硬件设备不足。比如，高考和自考只实现了报名、客观题阅卷采用光电阅卷机，1999年才开始试行在网络上录取新生。计算机化测试在我国大型人才测评中还未进行过试验。而美国ETS在1998年就实现了对TEOFL和GRE考试的无纸笔化。第二，测评机构的管理效率不高。譬如，TOEFL的考试成绩在四周之内一定会通知到本人和其申请的学校，而我国某些证书考试从考试之日到拿到证书要12个月之久。第三，测评工具较少。以标准化的心理测验为例，我国目前能够应用到实际中的心理测验量表只是屈指可数的几个翻译修订版，这与美国拥有众多的测验出版机构，以及推出的众多测验量表相比少之又少。

二、我国人才测评的发展趋势

随着人才测评的应用需求不断扩大，新的人才测评手段也在不断更新发展，从事人才测评研究和服务的机构也不断增多。所有这些都象征着我国人才测评事业已进入了一个繁荣发展阶段。对比国外人才测评的发展现状，纵观近年来我国人才测评理论与实践的发展，并结合我国的现实国情，可以预测我国人才测评的发展将有以下几种趋势。

（一）测评行业的产业化

人才测评的产业化是在专业化基础上，由社会集中对人才的素质、能力或任职资格进行评价，并使之成为国民经济组成行业的过程。随着我国加入世界贸易组织（WTO），企业将面临更为激烈的市场竞争和人才竞争，能够选拔优秀的人才并分配到最恰当的职位上是每个企业都力求做到的。市场的需求不但为人才测评提供了广阔的发展空间，同时也对我国方兴未艾的人才测评业提出了挑战。而人才测评要想实现为市场经济服务的宗旨，也要适应市场的要求，走产业化的道路。

尽管人才测评行业走势很好，发展空间很广阔，但现阶段社会对人才测评的重视不够，人才测评机构鱼龙混杂，从业人员的业务能力良莠不齐，要真正实现其产业化的道路，我们还有许多工作要努力去做。

1. 更新观念

从现阶段来看，人才测评活动主要局限在外资与合资公司，国有企业和本土的民营企业对人才测评的认同度还不是很高。因此全社会要更新观念，逐渐认识到人才资源建设的重要性、重视人才测评工作、相信人才测评结果的科学性，认识到测评是一种有高回报的投资行为，并赋予人才测评机构以职权，让人才测评在人事活动中起到关键性的作用。

2. 引导和鼓励成立多层次的人才测评机构

对现有的测评机构中，除保留国家所必需的少数特殊的测评机构（如公务员考试）外，应该把测评机构转化为自主经营的企业型测评公司，同时鼓励符合一定条件的团体或个人开办测评公司。这些公司既可形成以人才测评为主业的单一型公司，也可以形成与市场销售、经济与环境调研、财务、工程、信息技术等各种经济技术咨询服务机构结合进行的综合型公司。一方面可以成立能够提供专业性服务的中、小型人才测评公司，例如专门为大学生择业提供测评服务，或专门为某一行业员工提供专业测评服务的公司，使人才测评朝着专业化、细分化方向发展；另一方面可以组建能够提供综合性服务的集团型人才测评公司。另外，允许国外的测评公司到中国开办分公司，以形成一定的竞争势态。

3. 充实人才测评的从业人员，建设一支高素质的人才测评队伍

通过各种形式把有关人才测评的专家组织起来，合力攻克人才测评理论难题，强化培训，大力普及人才测评专业知识，加强对人事工作人员的专业知识培训，建设人才测评专业技术和组织管理骨干队伍；从高等院校选拔人才测评或心理学、人力资源管理等相关专业的优秀毕业生作为测评行业的后备军。

（二）管理机制的市场化

所谓人才测评市场化就是按市场经济的运行规律来发展人才测评产业，即国家通过法律和政策对人才测评市场进行宏观控制和调节，而不直接介入具体的测评活动。

1. 建立人才测评的产业规范

首先，政府要运用法律和政策手段调控人才测评的发展方向，制定测评行业的服务宗旨、工作范围、运作方式、收费指导标准及人才测评机构的申办条件等方面的法规或政策，并加强对人才测评机构的监督管理。其次，建立人才测评专业人员资格认证制度。从业人员的专业素养在一定程度上影响着人才测评的质量和行业的发展，要规范人才测评行业，就要按照国际惯例，参照国际标准，结合中国实际，制定从业人员的资格认证和对从业人员的培训制度。人才测评机构的从业人员要持证上岗，提高这一领域的准入门槛。对已经获得资格认证的从业人员还要定期进行资格审定。再次，建立人才测评技术成果的鉴定、推广制度。一方面，对进入社会的人才测量工具进行质量认证，实行市场准入制，对测评市场上出现的许多对国外测验工具的简单汉化版，或在商业利益的驱使下而匆忙赶制出来的缺少信度、效度的测验工具，应该责令它们退出测评市场，否则只会影响人才测评工作的信誉；另一方面，要鼓励在中国文化背景下编制测评工具，对那些经过实践证明有较高信度、效度的测评工具进行质量认证，保护编制者的知识产权。最后，建立人才测评机构的注册、审批制度和对人才测评服务监督、检查制度。提高人才测评机构注册和审批的门槛，严格规定人才测评机构工作人员的数量和质量。对测评结果准确率过低、弄虚作假、违法乱纪的机构，要严加查处，情况严重的，取消经营资格直至追究刑事责任。

2. 国家除保留对必要的人才资源配置的调控之外，要尽可能放开人才测评市场

政府或相应的行业主管部门作为人才测评的宏观管理部门要转变观念，除了做好法规政策的制定者与监督者之外，不要直接干涉测评机构的运作。测评公司作为独立企业法人，按市场规律运作。它可以通过分析人才资源的变化和走向，根据市场的需求来拓宽服务的范围，开发新的测评工具和项目，可以承接其他组织或个人委托的测评，也可以协助政府部门组织国家性的测评。

3.人才测评机构应摆脱传统计划管理体制的影响

人才测评机构不能等着用人单位或求职者找上门做测评，而要走进用人单位，走近人才，树立起市场意识、竞争意识和服务意识。人才测评机构要制订自己的营销方案，通过制作人才测评的方法技术说明书、研究成果宣传单、服务手册等，主动向社会大众推荐、宣传人才测评的功能和效果，不仅要使公众认同人才测评的科学有效性，还要使公众更多地认识到人才测评在人员配置上的作用，为人才测评的推广创造良好的社会市场环境。

市场化以后的竞争会使各个测评机构把提高测评水平和服务质量放在重要的位置，更加注重测评的社会形象，相应地也会加大对测评基础设施的投入，加强对工作人员业务素质和技能的培训，使之走上良性循环的轨道。

（三）从业人员的专业化

人才测评对从事这项工作的人员的专业素质要求很高。无论是对整体测评方案设计，还是应用各种手段定量采集各种数据，以及在全面分析的基础上出具测评报告，要想得到全面、公正、有效的结果，测量者需要具备扎实的理论基础、丰富的实践经验和良好的职业道德修养。目前从事人才测评的人员主要有两大类：一是科研院所和高等院校的人才测评研究者，二是组织人事部门或社会力量开办的测评中介机构的从业人员。前者理论功底扎实，对测评结果剖析客观、全面，对选用人有较好的指导作用，但总体体量不多，投入实践的力量有限；后者人数虽然众多，同用人单位联系也较为广泛，但总体素质偏低，盈利目的太强，且方法单一，手段与工具贫乏，评价缺乏科学性、客观性与公正性。

在一些发达国家，从事测评的人员必须要具有博士学位，经过专业考核获得专业资格认证，还必须经过反复培训。根据我国的国情，我们认为，人才测评专业人员最低要具有学士以上学位，并且必须熟练掌握测评理论和原理，要有人才测评的专业知识或心理学、测量与统计学、管理学、人才学等相关的知识背景，认真钻研人才测评业务。从业者要有一定的人才测评方面的工作实践经验，在取得测评资格认证之后还要注意对他们进行继续培训和资格再审。

首先，测评从业者必须严格按照标准化的操作程序进行测评，保证测评的公平；必须忠于事实，对测评结果不得做任何更改；对测评分数的解释必须客观，不带任何偏见，实事求是地做出人才测评的分析报告，做到对用人单位负责。其次，测评从业者不得向无关人员提供被测评者的测验结果，有为被测评者保守秘密的义务，做到对被测评者负责。再次，测评从业者必须维护测评工具的信誉，不得滥用测评工具，不得随意解释测评结果，以免造成对测评方法、测评工具的误解，做到对科学负责。最后，测评从业者必须以良好的服务态度，敬业的精神，较高的工作效率善始善终地做好测评工作，做到对所属测评机构和本人负责。

（四）机构功能的综合化

在传统的工作模式下，人才测评的功能与目的非常单一，那就是对人才进行鉴别和选择合适的职员，其他社会工作职能却不太受重视。但在市场经济条件下，人才工作的宗旨是为改革开放和经济建设服务，人才测评单一的选拔功能越来越不能满足经济发展与社会进步的需要。因此，机构功能的综合化是人才测评发展的必然趋势。所谓功能的综合化，就是把技术开发、培训、管理咨询等与测评服务一并作为人才测评机构的功能，促进整体性人力资源的开发和完善发展。作为测评机构，在为客户提供高水准的专业化和个性化的测评服务，发挥其诊断、甄别、评定、预测和激励的功能之外，也要注意以下几个功能的发挥。

1.测评工具的开发

在人才测评活动进行之前，首先要有合适有效的测评工具。而目前我国人才测评机构中使用的测评工具大都是从西方引进或修订的，如16PF、MMPI、EPQ、CPI、MBTI等，中国本土化的测评工具十分匮乏。由于东、西方人在心理特征、行为规范、素质结构和职业选择等方面差异很大，直接用西方的测评工具来评价我国人才，其结果肯定是不能让人满意的。所以，针对中国人特有的心理特征和素质结构，开发出适合中国文化背景的测评工具，并建立起中国人自己的常模和评价体系，就成为当前各人才测评机构面临的一个势在必行的问题。测评机构完全可以发挥自己机构中的专家优势，通过职位分析来了解某个岗位的"工作职责"和"任职资格"，在此基础上，构建胜任力模型，设计开发相应的人才测评工具。另外，测评机构还可以发挥自己的便利条件，在为客户服务的同时，积累大量的数据资料，进一步对这些数据进行处理和分析，在此基础上不断地修正常模和完善评价体系。

2. 加强人才测评的培训事业

一般的测评机构都有一支由人力资源专家、心理学家和职业指导专家组成的人才测评队伍。他们不但能为企事业单位的人力资源进行规划和有效配置，还可以帮助个人正确地认识自己的综合素质和在某个方面的发展潜质，对员工是否适合当前的职业或适合何种职业做出初步判断。通过人才测评，可以找到每个员工在相关知识、工作技能、心理素质等方面的优缺点，为被测评者如何改进目前状态与弥补职业目标的差距提出合理有效的建议，确定对哪些员工进行培训，以及确定在哪方面进行什么样的培训。培训结束后还可以通过人才测评评估培训的效果，从而指导员工在实践中扬长避短，并为未来工作做好准备性的教育培训与工作实践，更好地实现自我发展。此外，人才测评机构的培训功能还表现在对企业中人力资源管理人员的培训，以普及他们的人才测评专业知识和技能。

3. 做好人才测评乃至人力资源管理的咨询事业

通过人才测评可以掌握企事业单位的人力资源信息，可以大致了解企业总体人力资源状况，并且制订人员规划，估计组织内部哪些领域会出现劳动力短缺或劳动力过剩的情况，为组织制定合理的招募或裁员计划。可以对企事业单位人员配置的合理化程度、组织结构的优化状况、生产管理的科学化水平、领导方式的变革过程，以及企业文化的建设成果等方面进行诊断和分析，并根据组织的实际情况，依靠人才测评机构管理学方面的专家优势提出切实可行、对组织健康发展有益的咨询建议，为管理和决策提供科学的保证。

（五）测评技术手段的现代化

传统测评主要是依靠个人积累起来的选人用人经验，通过简单面谈、观察、笔试等手段，用手工纸笔来记录测评结果，缺乏科学的人才测评理论，测评手段的信度、效度不高，而且记录的信息量少，测评结果往往具有很强的主观性。现代化的人才测评具有以下几个特点。

1. 测评理论更加完善

现代人才测评的方法和技术不仅仅建立在经典测评理论基础上，项目反应理论和概化理论都为人才测评提供了理论支持。经典反应理论作为标准化测评的理论支柱，其优点是理论和方法体系较完整，易于被人理解和掌握，在控制测评误差方面有明显效果。但经典反应理论又存在着先天不足，如评价试题质量的指标（如难度、区分度）严重依赖于被试样本，只适用于评价被测评者相对能力水平（常模参照测评），而不适于考查实际能力水平（目标参照测评），测评某项能力或知识水平时，必须同时使用同质测评，否则测评结果无法直接比较。而项目反应理论和概化理论就是针对经典反应理论的不足，提出的两种新的测评理论。前者是从测评的内部和微观入手，放弃随机样本理论的思路，采用数学建模和统计调整的方法，重点讨论被测评者的能力水平与被测评题目之间的实质性关系。后者则是从测评的外部或宏观方面入手，继续沿着样本理论的思路向前发展，着重讨论实测时的测量条件与结论推广应用范围之间的关系。

2. 人才测评方法的多样性和综合运用

在我国计划经济体制影响下，传统的人才选拔重政治、重学历，轻素质、轻能力。而现代人才测评方法重视评价一个人的素质、能力和业绩，着重考查人的领导能力与管理能力、实际解决问题的能力、创新能力、人格品质，以及职业性向等整体的素质指标。现代人才测评方法，也不再是只运用简单的面试和知识考核，而是要把考试、心理测验、背景调查、履历分析、案例分析、面试、情景模拟、无领导小组讨论、360度考核、评价中心以及笔迹分析、自传分析、具较高效度的投射测验方法都应用到人才测评工作中。我们在具体实践中，可以采用定性与定量相结合的方法，依据具体情况决定选择合适的测评方法，并且使操作程序、内容、技术、步骤、条件、规则等方面规范化、标准化。

3. 人才测评手段的信息化和网络化

网络交往的动态性，人机对话的交互性，人机界面的日渐人性化，计算机数据处理及仿真模拟能力的日益强大等，使得一般的测评方法在人机对话中不断获得新内涵、新形式。首先，多媒体技术应用到对人才测评过程的记录中，可以实现对被测评者行为表现的多次重现，有利于测评人员仔细对比、斟酌，做出更客观真实的测评结果，其中电子作品和电子档案是影响较大的计算机辅助评价策略。其次，人才测评网络化。越来越多的人实现在线远程测评，即通过互联网或局域网把测评信息从测评中心服务器中下载到客户端，被测评者在客户端做出选择反应，然后通过网络把被试的所有信息全部提交到测评中心服务器端的数据库中，接着测评人员从数据库中提取被试信息，进行评价得出结论，最后再通过网络把测评结果反馈给客户。最后，测评活动的人机互动。如计算机自适应测评就是一种更客观有效，更省时省力的新的测评形式，在这种测评中，计算机会根据被测评者对每个题目的反应情况，不间断地估计被测评者能力水平的高低。然后在题库中选择最接近他能力估计值的题目，等被测评者做出反应后，计算机进行再估计，再分配难度相当的题目给被测评者，随被测评者做的题目不断增多，计算机对被测评者的估计越来越精确，最后其估计值将无限接近于一点，这就是被测评者能力的精确估计值。测评的网络化、信息化，可以节省人力、物力及时间，使测评活动不再受被试数目过大和地理位置过于分散的限制，还可以避免测评标准答案的曝光，保持测评的效度，保护被测评者在测评中的隐私。

可以预见，以产业化道路为导向、以市场化的管理机制为前提、以专业化的从业人员为后盾、以综合化的服务功能为引擎、以现代化的技术和方法为保障，我国人才测评行业发展之路会越走越宽广，一定能建立起一个客观、公正、有效、服务周到且应用广泛的人才测评技术体系和服务体系。

第四节　人才测评的迭代与更新——与VR技术结合后的应用价值探索

随着科学技术的快速发展及大数据时代的到来，虚拟现实技术将成为未来几年技术领域研究的热点问题。为了满足当下企业需求，人才测评的方法也在不断更新发展。尤其是在近几年的人才测评研究中，人们发现了虚拟现实技术的特点，可以更好地弥补传统人才测评的不足后，开始转向对虚拟现实技术与人才测评结合后的应用价值的探索。

一、目前现有的人才测评工具

顾名思义，人才测评是指通过一系列系统的、科学的手段和方法对人的基本素质、能力、性格等维度进行测量和评定的活动。比较熟悉的测评方法有心理测验、情景模拟、面谈及履历检查、AOP职场个性测试与SHL岗位匹配度测试等，其中情景模拟方法包括了公文处理、无领导小组讨论、管理游戏、角色扮演四种测验。

这些方法被广泛地用于各种人事测评工作中，在一定程度上解决了企业人才测评的问题。但目前在这些方法中，还存在着缺乏客观的标准、带有浓重的主观色彩、考核的成本高、效率低等缺点，这就使得在人才测评的实践中仍存在着许多局限性。因此需要寻求到更加完整、系统且科学的测评方法，帮助企业找到最符合企业需求的人才，VR人才测评就在这样的背景下产生了。

二、VR人才测评

北京潜质大数据科学研究院是一家专门从事关于潜质的理论与实践，并进行专业化研究的权威科研机构。近几年其对高校大学生进行了全面的分析和调研，构建出了一个潜质模型，即"3E Model"，并依据此潜质模型开发出了全球首个用于评估潜质的产品。因此，下面关于VR人才测评的相关研究，是在使用北京潜质大数据科学研究院研发的VR测评工具的基础上，对在校大学生的职场领导力进行的测评研究。

（一）测试过程

在此次测评的过程中，被测评者将全程佩戴VR眼镜手持VR手柄，在封闭、安静的环境下单独进行测评，不会受到任何干扰，其中的VR模拟场景分为看图推理测试和行为测试两大模块。

1. 看图推理测评

看图推理测试通过36道渐进性图案矩阵测试被测评者的观察力及清晰思维的能力。被测评者根据题目图形间的某种关系，选取合适的选项，组成完整的图案。随着矩阵的结构越来越复杂，题目对思维操作的要求也逐渐从直接观察转为间接抽象推理，需要被测评者在一定时间内做出快速反应。最终会在测评报告中显示个人得分和国内高校得分的对比情况，以便于被测评者了解到在理性判断能力方面，自己的优势或者欠缺情况。

2. 行为测评

行为测评是通过VR情境探索行动轨迹、VR配置解药、VR抓凤尾鱼这三个环节得出被测评者的行为数据，通过对三位被测评者在这些环节中的操作和行为表现，进行数据分析，根据测试结果对被测评者提出一些建议。下面将以VR情境探索行动轨迹为例来进行说明。

假设一位被测评者所进行体验的是一个带有故事场景的行为测试。在VR虚拟场景中会为每个被测评者提供相同的环境和自动指令，但根据每个人选择的行动轨迹不同，不同颜色的线就代表了被测评者的行动轨迹。在运动的过程中，被测评者可能对周围的环境进行了不同程度的细致观察。一般来说，运动路线越长代表被测评者对一个较为陌生环境的好奇程度越高，以及积极体验新事物的程度越高；运动路径的重复部分越多代表被测评者对新事物相关信息观察细致程度越高。这种场景式的测评给用户带来一种新奇感，激发了被测评者的好奇心，促使他们能够更加积极愉快地进行探索。并且由于测评过程多了许多趣味性，也会让被测评者忘记了这次测评的目的，从而提高了测评的有效性。

行为测评的第二个环节是利用不同的树叶和书籍进行解药的配置，在这种需要"动手操作"的方式中，被测评者可以对虚拟景物放大、缩小，或者可以主动拿起虚拟物体进行不同的尝试，感知其体积等。如此一来可以让被测评者的认知手段和领域得到扩展，配置次数反映的是被测评者在面对困难时坚持不懈的程度，使用不同树叶搭配，呈现出被测评者对于信息细节的注意力和相应的逻辑思维与推理能力。

最后一个环节是利用娃娃机捕捉凤尾鱼，更多的抓鱼数量反映的不仅是被测评者对于操作的熟练程度，更是对于凤尾鱼分布与移动规律的发现与掌握，也是能够通过使用规律解决问题的一种体现。

在测评结束后，系统会生成每个被测试者在"三个能力"（共情力、创解力、探索力）整体上的测评结果，根据结果会在每个维度给出具体解析，分析被测评者在发展中会遇到的各种情况和发展的潜力。

（二）VR人才测评的价值取向

VR人才测评的虚拟场景真实、操作简单，为企业人才测评开起了新的道路，与传统的人才测评相比，它更具有真实性、公平性和安全性。

1.真实性

将虚拟现实技术应用于人才测评，使被测评者在虚拟环境中的行为比其他传统的测评方式更真实，更加生动地展现考查环境。通过人体视觉传递到大脑，让被测评者更加放松，从嗅觉、听觉、触觉上使被测评者形成真实的心理感受，从而使被测评者忘记测评的目的性，体验到深度的参与感，评估者能够看到被测评者更多的自然行为和反应。

2. 公平性

被测评者使用由系统设定的虚拟人物进行测试，不受年龄、性别、工作经验、社会地位等影响。它利用的是被测评者的操作优势，而不是他们的经验。被测评者在虚拟环境中无法捉摸其中的规律性，只能做出最真实的反应，因此使用VR人才测评还消除了许多流程中的人为偏见，使测评结果更加的客观、公正和有效。

3. 安全性

虚拟现实系统可以提高某些特殊职业人才测试的安全系数。如消防员、高压运维人员等职业对于从业者的心理素质、专业能力和应急能力等要求较高，传统的测试方法费时费力，危险性较大，虚拟现实系统不仅可以进行综合测试、反复测试，以提高测试结果的真实性，还可以减少物损、降低危险性，提高测试安全系数。

目前虚拟现实技术尚处在发展阶段，在人才测评方面还需要大量的实践研究与改进。但是未来虚拟现实技术与人才测评的结合将会形成一套更加完整、系统及更具科学性的测评方法，它有着强大的生命力和发展前景，未来能够帮助企业找到符合其需求的人才。

第三章　人才测评的理论基础

第一节　人性假设原理

　　管理心理学中的人性假设原理是指对影响人生产、工作积极性的最根本的人性方面的因素，进行研究和探讨时所形成的理论成果，是对管理活动中的"人"的本质特征所作的理论假定。这些理论假定，是进一步决定人们的管理思想、管理制度、管理方式和管理方法的根据和前提。要进行科学的人才测评活动，就必须要了解管理者在意识和无意识层面是如何看待被管理者的，即隐藏在管理者管理活动背后的人性假设是什么。

一、"经济人"的人性假设原理

（一）"经济人"假设的基本观点

　　"经济人"假设又称"唯力人"假设或"实利人"假设。这种假设起源于亚当·斯密（Adam Smith）关于劳动交换的经济理论，认为人的行为动机源于经济诱因，在于追求自身的最大利益。为此，组织机构需要用金钱与权力进行操纵和控制，使员工服从规则和维持效率。亚当·斯密在书中指出："我们每天所需要的食物和饮料，不是出自屠户、酿酒师或烙面师的恩惠，而是出于他们自利的打算。"

　　管理心理学家艾德佳·H.沙因（Edger H. Schein）在此基础之上提出了"经济人"人性假设。美国著名管理学家道格拉斯·M.麦格雷戈（Douglas M. McGregor）于1960年在其著作《管理理论X或Y的抉择——企业的人性面》一书中提出了"X理论"也就是"经济人"假设。概括而言，"经济人"假设的主要内容包括以下几点：

①多数人天生就是懒惰的，只要有可能，他们就尽可能地逃避工作。

②多数人没有雄心壮志，不愿承担责任，甘愿受别人指使。

③多数人的个人目标和组织目标相矛盾，须采用强制和惩罚的方法，强迫他们为组织目标努力。

④多数人参加工作都是为满足基本的生理需要和安全需要，工作的目的在于金钱和地位，只要向他们提供最大的经济利益，他们就会努力工作。

⑤人大致可以分为两类：多数人和少数人，多数人成为被管理者，少数人由于能够激励自己而成了管理者。

（二）"经济人"假设指导下的管理实践

由于"经济人"是受经济利益所驱使的，他们指望从组织中得到的唯一的东西就是薪酬，因此金钱和个人奖酬是使他们努力工作的激励因素。为此可采取的管理措施有：

①组织通过经济性的奖酬使员工付出劳动与服从，通过惩罚来应对工人的消极怠工。通俗地说，就是采取"胡萝卜加大棒"的政策；

②管理的重点是提高生产效率，对员工感情和士气的关注是次要的；

③如果员工工作效率很低，解决的办法就是改变现有的薪酬体系；

④管理只是少数人的事，大多数人只是服从命令，接受管理，拼命工作。

"经济人"假设与"X理论"在弗雷德里克·温斯洛·泰勒（Frederick Winslow Taylor）的"科学管理"理论中是最为典型的体现。1911年，泰勒在其著作《科学管理原理》一书中提出了"科学管理"的四项原则：①对工人每一个动作要素作出科学规定，以代替传统单纯依靠经验的方法；②不能像过去那样由工人自己任意挑选工作，自己训练和提升自己，而是应该科学地挑选工人，并给予训练和教育；③让工人之间及工人与管理者之间密切合作，以保证工作按照科学的原则来完成；④使管理者与工人之间进行明确的分工，管理者应担负起工人无法胜任的管理工作，而不是像过去那样把所有的工作都推给工人。泰勒的理论为解决当时企业管理中的两个主要问题提供了解决方法：一是怎样提高工人的劳动生产率，二是如何提高管理人员的工作效率。

二、"社会人"的人性假设原理

（一）"社会人"假设的基本观点

美国哈佛大学乔治·埃尔顿·梅奥（George Elton Mayo）教授在《工业文明中的问题》一书中用霍桑实验的研究结果 批评了"经济人"假设及其管理模式，提出了"人际关系"理论。他在该书中特别强调了以下内容：①"经济人"假设把人看成只是被物质利益所驱动的观点是不正确的，人是"社会人"，社会关系等心理因素才是最重要的，因此在生产或工作中处理好人际关系，比经济因素与管理制度更有效果；②"士气"是影响劳动生产率的重要因素；③应当特别注意"非正式群体"的作用。

因此，梅奥的"社会人"假设认为，在人类社会活动中的人不是各自孤立的， 是作为某一集团中的一员而存在的，是有所归属的"社会人"。人的最大动机是社会需求，因而只有满足人的社会需求，才能对人有最大的激励作用。具体来说，"社会人"的人性假设理论包括以下几点。

①人是社会中的人，社交需要是人类行为的根本激励因素，而人际关系则是形成人们身份感的基本因素。

②生产效率的提高和降低取决于职工的士气。

③工人对同事给予的影响的重视程度，要比对管理者所给予的经济诱因与控制的重视程度大得多。职工中存在着"非正式群体"，这种无形的组织有自身的规范，能更有效地影响其成员的行为。

④由于工业革命的影响，许多工作丧失了内在的意义，因此必须从工作的社会交往关系里寻找回来。

⑤领导者要了解职工的各种行为、善于和他们沟通，因为员工们对管理部门的反应程度，取决于管理者对下级的归属需要、被人接受的需要，以及身份感的需要的满足程度。

（二）"社会人"假设指导下的管理实践

许多管理学家受到霍桑实验的启发，认为管理应当从过去的"以物为中心"转向"以人为中心"，应该更加关注调动工人参与决策的积极性。在"社会人"假设的影响下， 提出了新型的管理模式参与管理。其中，帕帕因梯钢铁公司的案例尤为典型。

20世纪30年代美国经济危机时期，许多公司濒临破产，帕帕因梯钢铁公司也是其中之一。面对公司的危机，帕帕因梯钢铁公司的工会工作人员斯凯伦提出了"斯凯伦计划"。"斯凯伦计划"的主要内容是成立劳资双方联合委员会，共同商讨降低成本、提高产量和质量等重大问题，并发动全体企业职工提出合理化建议。此外，还实行集体分红制度，超产部分按一定比例作为职工的集体奖励。"斯凯伦计划"的实行不仅使企业走出了困境，还增加了职工的收入，更为重要的是使职工感到自己是组织的一部分，是为了共同的目的而工作，从而形成了归属感，减少了工人对企业的对立情绪。可见，"斯凯伦计划"是典型的参与管理模式。

概括起来，基于"社会人"假设基础之上的管理措施，主要表现在以下几个方面：

①管理者不应只注重员工是否完成生产任务，而应把注意的重点放在关心人、满足人的社会需要上。

②管理者不应只注意计划、组织和控制，而应更重视职工间的人际关系，培养和形成职工的归属感和整体感。

③管理者要重视班组的存在，不仅要考虑个人奖励制度，还应提倡实行集体奖励制度。

④管理者的职能也应有所改变，他们不仅仅是简单的任务下达者，而是给员工创造条件、为员工提供便利并富有同情心的支持者。

⑤实行"参与式"管理，吸引员工在不同程度上参与企业决策的研讨。

三、"自动人"的人性假设原理

（一）"自动人"假设的基本观点

"自动人"的人性假设原理又叫"自我实现人"的人性假设理论。这个理论的代表人物是美国心理学家亚伯拉罕·哈罗德·马斯洛（Abraham Harold Maslow）和克里斯·阿吉里斯（Chris Argyris）。"自动人"假设是建立在马斯洛的"需要层次"理论和阿吉里斯的"从不成熟到成熟"理论基础之上的。"需要层次"理论认为，所有的人都有积极努力、充分发挥自己的能力、取得优良成绩的内在心理基础和可能性，这种可能性能否变成现实，主要看有没有适宜的外部条件。阿吉里斯的"从不成熟到成熟"理论和马斯洛的"需要层次"理论十分相近。阿吉里斯认为一个健康的人是从不成熟向成熟发展的，这种成熟是一个自然发展的过程，这个发展过程实质上也是一个自我实现过程。总的说来，这种假设认为，人性具有充分发挥潜力的特征，每个人都渴望成为自己所希望的那个人，人具有越变越完美的欲望，自我实现是人类需要的最高层次。

管理心理学家沙因在马斯洛和阿吉里斯的理论基础上对"自我实现人"假设进行了详细论述，而麦格雷戈在其著作《管理理论X或Y的抉择——企业的人性面》一书中提出的"Y理论"其实也就是"自动人"假设的另外一种表述。概括而言，"自动人"假设主要包括以下要点：

①一般人都很勤奋，只要环境有利的话，工作就会像游戏、休息一样自然；

②制度和惩罚并不是促使人实现组织目标的唯一方法，人在执行工作任务时能自我指导和自我控制；

③在一般情况下，人不但乐于接受任务，而且会主动寻求责任；

④人对于目标的承诺，就是由于目标达成后的自我实现的满足，这种"报酬"能驱使人们向组织目标努力；

⑤大多数人善于创造性地、开拓性地工作，敢于面临各种挑战，并且人群中存在广泛的高度想象力、智谋和解决组织问题的能力；

⑥在现代社会中，一般人的智慧潜能只有一部分被发挥和利用出来。

（二）"自动人"假设指导下的管理实践

"自动人"假设重视人的内在精神，反对任务式的管理，提倡民主管理，主张创造条件、挖掘潜力、克服障碍、鼓励成长、提供指导。因此，必然会产生如下的管理原则和管理措施。

①与过去只是重视物质利益为主或人际关系为主的传统管理措施不同，"自动人"假设重视环境因素，使人们能充分挖掘自己的潜力，充分发挥自己的才能，在完成任务中产生自豪感，以满足自我实现的需要。而良好的环境主要包括软环境，如政策导向、人际关系环境等，以及硬环境，如福利、设备等。

②在"自动人"假设指导下，管理者的主要职能不是生产的指导者，也不是人际关系的协调者，而是一个"采访者"，其主要任务在于如何发挥人的聪明

才智，减少和消除员工在自我实现过程中的障碍。

③改变奖励方式，麦格雷戈认为奖励方式分外在奖励与内在奖励两种。外在奖励包括工资、职位的提升、良好的人际关系等；内在奖励则包括在工作中获得知识、增长才干和完成任务后得到的自我满足等。只有内在奖励才能满足人的自尊和自我实现的需要，从而极大调动人的积极性。

④从"自动人"假设来看，管理方式与制度也要做相应的改变。管理制度应能保证员工充分表露自己的才能，充分发挥他们的积极性和创造性。因此，这就需要管理者实行民主和参与的管理方式，给员工一定的自主权，参与决策的实施。

四、"复杂人"的人性假设原理

（一）"复杂人"假设的基本观点

"经济人""社会人""自我实现人"的人性假设及其相应的理论，都是在不同时期从某一个侧面来认识被管理者的人性，虽都有其合理的方面，但仍然有各自不同的局限性。沙因在20世纪70年代经过研究指出，人的需求都是各不相同的，会随着年龄的增长、知识的增加及地位的改变而变化，因此，人的需求是各式各样的，人是"复杂人"。

1970年约翰·J.摩尔斯（John J. Morse）和杰伊·W.洛希（Jay W. Lorsch）在其著作《超Y理论》一书中总结出不同于"X理论"和"Y理论"的"超Y理论"，倡导企业管理方式要根据企业所处的内外条件而随机应变，其实质也就是"复杂人"假设的另外一种表述。概括来说，"复杂人"假设的主要内容有以下几点：

①人的需要是多种多样的，并随着人的发展和生活环境的改变而发生变化，即因人而异、因地而异；

②由于需要和动机彼此相互作用，同一时间内，个体的动机和需要组合成复杂的动机模式、价值观和目标体系；

③某一特定的动机模式，是内部需要和外部环境相互作用的结果；

④人在不同组织环境中或生活条件不断变化时，会产生新的动机；

⑤由于人的需要和能力都不相同，对于不同的管理策略与方式会有不同的

反应，人可以依据自己的动机、能力和工作性质来适应各种不同的管理方式；

⑥人对不同的管理模式有不同的反应，即没有在任何时间对所有人都起作用的唯一正确的管理策略。

（二）"复杂人"假设指导下的管理实践

由于人的需要是复杂且多样的，因此没有一种万能的管理策略。根据"复杂人"假设，应采取如下的措施。

①管理者要有权变的观点，即根据现实的情景作出可变的或灵活的反应。为此，管理者要学会在某一特定的情景中，采取适合该情景的组织、管理或领导的方式。

②人的需要和动机各不相同，那么管理者就要根据具体的人的情况，灵活地采取不同的管理措施，就是说在管理中要因人、因地、因时而异。

③管理策略和管理措施不要过于简单化和一般化，而是要具体情况具体分析，根据情况采取灵活多变的管理方法。如果企业任务不明确、工作混乱，需要采取严格的管理措施，才能使生产秩序走上正轨。与之相反，如果企业的任务清晰、分工明确，则可以采用更多的授权形式，充分发挥下属的主动性和能动性。

第二节　职位差异原理

职位是指在一定时期内，组织要求个体完成的一项至多项责任。一般来说，职位与从业人员是一一对应的关系，有多少职位就有多少员工，二者数量相等。之所以要通过人才测评活动为不同的职位选拔和安置不同的人员，其主要原因就在于不同的职位所包含的工作要素不同，对于从业人员的要求也有所不同。因此，要对人才测评活动有科学的了解和认识，职位差异是非常重要的方面。

职位差异指的是不同岗位之间的非一致性。它是对企事业单位内所有岗位按照工作性质、责任轻重、难易程度、所需资格条件等因素进行区分的结果。对于职位差异的描述，学者通常采用两个指标，即职务特征模型和职务差异评价指标。

一、职务特征模型

职务特征模型是职务设计的基本理论框架。根据职务特征模型，任何职务都可以从五个核心维度进行描述。

（一）技能多样性

技能多样性指一项职务要求员工使用各种技术和才能从事多种不同活动的程度。为了避免由于工作设计过于简单，引起员工因为单调、枯燥而产生厌烦情绪，进而影响他们的身心健康情况，就要注意工作设计中对技能多样性的要求。与此同时，技能的多样性要求应当与从业人员的学习和掌握能力相当，过分强调技能的多样性，超出了从业人员的应对水平，也会给从业人员带来压力。

（二）任务同一性

任务同一性是指一个职务要求完成一项完整的、具有同一性的任务的程度。所谓任务，是指为了达到某种目的所从事的一系列活动，它可以由一个到多个工作要素来组成。例如，人力资源管理者经常面临的任务有人力资源规划、职务分析、招募、选拔与录用等。如果这些任务都由某个人来完成的话，他就需要在上述不同的任务中进行不停地转换，任务的同一性就比较低。与之相反，在现代的很多大公司中，工作的分工日趋专业化，出现了不少专门负责招募的人力资源管理专员，工作的主要职责就是招募，任务的同一性就比较高。

任务同一性与技能多样性并不是同一个层面的两个术语。任务同一性是从任务也就是工作的角度来对职务进行描述的，而技能多样性是从对从业人员要求的角度来对职务进行描述的。任务同一性高，并不意味着技能多样性低；反之，任务同一性低，也并不意味着技能多样性高。

（三）任务重要性

任务重要性是指一项任务对其他人的工作和生活具有实质性影响的程度。通俗地讲，一项工作任务的重要性就是指该项任务的成功完成与否，与其他人的工作和生活之间的关系程度。比如说，一个打字员在工作过程中把"的"字错打为"地"字，对他人的工作和生活的影响就不大，但如果是把一份合同中的"20万元"错打为"200万元"，对他人的工作和生活的影响就很大了，甚至有可能导致法律上的纠纷。

严格来讲，组织中设置的任何一个职位所需要完成的任务都很重要，但从影响他人的工作和生活的角度来看，不同的职位之间还是存在一些差别的，这些差别就用任务重要性这一术语加以描述。在实际的岗位设计工作中，要让员工感觉到所承担的工作对于实现组织总目标的意义的重要性，从而产生成就感。如果员工不能参与一些比较完整的工作，就会缺乏对工作成果的成就感受，从而失去责任感。

（四）自主性

自主性指一项职务给予任职者在安排工作进度和决定从事工作所适用的方法方面提供的程度。"社会人"假设理论认为，人通常是有责任心和自我管理能力的，人们希望能够独立、自主地安排工作进度和选择工作方法。

工作自主性的大小依据职位和工作任务的不同而有所差异。有些工作的自主性很高，比如大学教师，在选用教材、安排教学进度、选择教学方法方面，每位老师都有自己的决定权；有些工作的自主性就有所限制，如火车司机，火车的速度和运行时间要服从调度人员的安排，而不能由司机本人来自主决定。一般来说，完全具有工作自主性和完全没有工作自主性的工作都是没有的。工作自主性只有高低的差别，而没有有无的差别。一般来说，为了避免员工因为缺乏自主权而引起的对工作的冷漠和低绩效，管理者应该考虑给员工一定的自主权，给他们提供附加责任，从而增强他们的自尊心和被重视的感受。

（五）反馈

反馈是指个人为从事职务所要求的工作活动从而需获得的有关其绩效信息的直接和清晰程度。管理者只有对员工的绩效给予及时的反馈，才能正确引导和激励员工，使他们不断改进自己的工作。

二、职务差异评价指标

职务差异评价指标一般划分为劳动环境、劳动技能、劳动强度、劳动心理和劳动责任这五个要素，每个要素中划分为若干项目。这些要素的具体内容大体上包括了劳动岗位对劳动者的专业技术和业务知识要求、所消耗体力的要求、应承担的责任和接触有毒有害物质对身体健康的影响程度等。

（一）劳动环境

对于劳动环境指标的考查，主要关注的是各劳动岗位所处的工作环境是否存在有毒有害物质，以及高温、噪声等对劳动者身体健康的影响程度。关于这方面的二级指标标准中有接触粉尘危害程度的评价标准、接触高温危害程度的评价标准、接触噪声危害程度的评价标准、其他化学性有害因素的评价标准，以及其他物理性有害因素的评价标准等。

以接触粉尘危害程度的评价标准为例，据国家标准GB5817-86《生产性粉尘作业危害程度分级》，我们可以把接触粉尘危害程度分为0~4四个等级，并通过测定粉尘接触时间、肺总通气量、粉尘浓度超标倍数、粉尘游离、SO_2含量来计算分级指数。

（二）劳动技能

对于劳动技能指标的考查，主要关注的是劳动者为胜任本岗位工作，所必须具备的专业技术知识和实际操作能力的差异。关于这方面的二级指标标准中有品种质量难易程度的评价标准、处理预防事故复杂程度的评价标准、技术知识的评价标准、看管设备复杂程度的评价标准，以及操作复杂程度的评价标准等。

以技术知识的评价标准为例，可以分为9个等级。等级1需要高中以上文化程度，高级工技术水平，并受过技术培训或有多年实践经验的人员；等级2需高中文化程度，高级工水平，并具有一定经验的人员；等级3需要高中文化程度，中级工水平的人员；等级4需要初中文化程度，高级工水平的人员；等级5需要初中文化程度，中级工水平，并具有一定经验的人员；等级6需要初中文化程度，中级工水平的人员；等级7需要初中文化程度，初级工水平，并具有一定经验的人员；等级8需要初中文化程度，初级工水平的人员；等级9是基本上不需什么知识即可胜任的岗位。

（三）劳动强度

对于劳动强度指标的考查，主要关注的是劳动者为完成本岗位工作所消耗的体力和精神紧张程度的差异。关于这方面的二级指标标准中有体力劳动强度的评价标准，工作班制、劳动紧张程度的评价标准，劳动姿势的评价标准，工时利用率的评价标准，等等。

表3-1列出了劳动姿势的评价标准，其中，姿势所占百分数均为制度工作日

内姿势持续时间占净劳动时间的百分数。难适应姿势指容易引起疲劳的慢动作、半蹲、弯腰、仰卧和前俯等姿势。

表3-1 劳动姿势的评价标准

级别	1	2	3	4
劳动姿势	坐姿占50%以上，偶有难适应姿势	站姿占50%以上，偶有难适应姿势	站姿占50%以上，难适应姿势占10%~30%	难适应姿势占30%以上

（四）劳动心理

对于劳动心理指标的考查，主要关注的是劳动者从事不同职业、岗位的主观意愿程度，以及岗位地理位置的差异对员工流向的影响。关于这方面的二级指标标准中有择业心理的评价标准、择岗心理的评价标准和岗位位置的评价标准等。

以择业心理的评价标准为例。对于不同的职业和工种，劳动者从事该职业与工种的意愿有所差别，从而可以划分为9个级别。级别1是约有90%以上的劳动者不愿从事的工种；级别2是约有80%~90%的劳动者不愿从事的工种；级别3是约有70%~80%的劳动者不愿从事的工种；级别4是约有60%~70%的劳动者不愿从事的工种；级别5是约有50%~60%的劳动者不愿从事的工种；级别6是约有40%~50%的劳动者不愿从事的工种；级别7是约有30%~40%的劳动者不愿从事的工种；级别8是约有20%~30%的劳动者不愿从事的工种；级别9是约有20%以下的劳动者不愿从事的工种。

（五）劳动责任

对于劳动责任指标的考查，主要关注的是劳动者在企业生产、安全、消耗、管理等方面所负责任的差别。这方面的二级指标标准中有质量责任的评价标准、产量责任的评价标准、管理责任的评价标准、看管责任的评价标准、消耗责任的评价标准和安全责任的评价标准等。

以质量责任的评价标准为例。对于所有的岗位而言，其工作绩效的高低都与之有着直接或间接的关系。以这种联系的强弱为依据，可以把所有的岗位划分为9个等级。等级1是对最终产品质量有很大的直接责任的岗位；等级2是对最终产品质量有较大的直接责任，或对原材料、能源生产质量有很大直接责任的岗位；等级3是对最终产品质量有一般的直接责任，或对原材料、能源生产质量有较大直接责任的岗位；等级4是对最终产品质量有很大的间接责任，或对原材料、能源生产质量有一般直接责任的岗位；等级5是对最终产品质量有较大的间接责任，或对原材料、能源生产质量有很大的间接责任的岗位；等级6是对最终产品质量有一般的间接责任，或对原材料、能源生产质量有较大的间接责任的岗位；等级7是对最终产品质量有一定影响，或对原材料、能源生产质量有一般间接责任的岗位；等级8是对原材料、能源生产质量有一定影响的岗位；等级9是对原材料、能源生产质量无责任、无影响的岗位。

第三节　个体差异原理

所谓个体差异，是指个体在成长过程中因受遗传与环境的交互影响，使不同个体之间在身心特征上显示出彼此不同的现象。从广义的角度看，可以从不同学科的角度来对个体差异问题进行考查，"龙生九子，各有不同"说的是生理差异问题，"你有七大姑，他有八大姨"说的是社会关系差异问题，"家家有本难念的经"说的是家庭差异问题；从狭义的角度看，个体差异主要指的是不同个体在心理特征方面的差异。本节主要依据心理学的基本知识体系对个体差异进行探讨。

一、心理过程

个体的心理过程可以划分为认知过程、情绪与情感过程及意志过程三个方面，我们可以从这几个方面对不同个体在心理过程方面的差异进行考查。

（一）认知过程

认知过程就是个体认识客观世界的过程，包括感觉、知觉、记忆、思维等环节。

我们生活在一个千变万化的世界中，每时每刻都在感受着光、热、压力、振动、辐射、机械力和其他物理能量的刺激。这种感受就是心理学上所讨论的感觉问题，因此感觉可以理解为感受器官——眼、耳等器官中的结构所产生的表示身体内外经验的神经冲动的过程。人类具有多种感觉功能。人能够看到五彩缤纷的世界、区别不同的物体和形状，主要依赖于视觉；人类接收语言和欣赏音乐，主要依赖于听觉；鉴别气味、品尝美食，主要依赖于嗅觉和味觉；而日常的站立、行走和跑步等活动，则主要依赖于个体的躯体感觉，包括皮肤感觉、运动感觉和平衡觉感等。不同个体的不同感觉功能是有差别的，有的人视力敏锐，有的人听力超强，有的人嗅觉敏感，有的人平衡觉突出。所有这些，对于人才测评活动都具有重要的参考价值。比如说， 运动员的选拔与培养，躯体感觉就是一个非常重要的内容。

人类的大脑对通过感官获得的外部世界进行加工后，产生了对事物整体及其关系的认识，这就是知觉。知觉具有整体性、恒常性、理解性等特征，而这些知觉特性，不同个体之间也存在着显著的区别。如由于理解水平的高低差异，面对同样一幅书法作品，不同的个体可能会存在不同的感知意象。知觉特性的差异对于人才测评活动也具有一定的参考价值。比如说，对于飞行员的选拔和培养，知觉的恒常性就是一个非常重要的内容。

在我们日常工作和生活时会遇到这样的现象：怎么也想不起来客户的名字，忘记了老板交代的任务及与恋人约会的时间。这些遗忘想必是令人非常扫兴的，因此如何提高自己的记忆能力，是许多人共同的愿望。那么，对于记忆可以这样理解，它是一个从事接收、存储、组织、改变和恢复信息工作的系统。我们可以将记忆比喻为一台电脑。首先，信息需要被编码，即把输入的信息转换成可被操作的形式，这一阶段像是用键盘将数据敲入计算机；其次，信息需要被存储，即把信息保存在系统中；最后，在需要使用信息时，记忆库中的信息要能够被提取。记忆能力的高低对人们的工作效率有着一定的影响，对于某些特定的工作而言，良好的记忆能力更是必备要素之一。因此，记忆能力也常常是人才测评活动的重要考查指标之一。

人不仅能认识事物和现象的外部联系，而且能认识事物和现象的内在联系和规律。这种认识是通过思维过程来实现的。思维不同于感觉、知觉和记忆，但又是在感觉、知觉和记忆的基础上发展起来的。思维是借助于语言、表象或动作实现的、是对客观事物概括的和间接的认识，是认识的高级形式。它能揭示事物的本质特征和内部联系，并主要表现在概念形成和问题解决的活动中。一个人能否在工作中取得优异的成绩，和他的思维、推理、想象、解决问题的能力及创造力密不可分。正因为如此，思维能力也常常是人才测评活动的重要考查指标之一。

（二）情绪与情感过程

情绪是人对待认知内容的特殊态度，它包含情绪体验、情绪行为、情绪唤醒和对情绪刺激的认知等复杂成分。情绪具有较大的情景性、机动性和暂时性，往往随着情景的改变和需要的满足而减弱或消失。作为一种体验和感受，情感具有较大的稳定性、深刻性和持久性。情绪这个概念既可以用于人类，也可以用于动物，情感这个概念只用于人类，特别是用于描述人的高级社会性情感。

人的情绪具有两极性。情绪的动力性有增力和减力两极，积极的情感可以提高人的活动能力，消极的情感则削弱人的活动能力。情绪的激动性有激动与平静两极。激动是一种强烈的、外显的情绪状态，它是由一些重要的事件引起的；平静的情绪是指一种平稳安静的情绪状态，它是人们正常生活、学习和工作时的基本状态，也是基本的工作条件。情绪的强度有强弱两极，如从愉快到狂喜，从微愠到狂怒。情绪强度的大小取决于情绪事件对于个体意义的大小。情绪还有紧张和轻松两极。人们的紧张程度决定于面对紧迫情境时，个体心理的准备状态及应变能力。

个人的情绪和情感决定着他的工作能力。在良好的情感状态下，个体会专注于自己的工作，带着一种满意感来完成自己的工作。有时，个体也会因为一些微不足道的小事而影响自己的情感，其持续的时间取决于产生它的原因，以及环境对它的作用程度。情感的稳定性，对个体有效地完成工作具有很大的影响。所以在人才测评活动中，常常把情绪和情感作为一个重要的考查内容。

（三）意志过程

意志是有意识地支配、调节行为，通过克服困难，实现预定目的的心理过程。构成意志力的稳定因素称为意志品质。人们在独立性、坚定性、果断性和自制力等意志品质方面存在着重要的差异。

1. 独立性

意志的独立性是指一个人不屈服于周围人们的压力，不随波逐流，能根据自己的认识与信念，独立地做出决定，执行决定。独立性的人对于自己的决定和执行是经过理智思考的。独立性的对立面是受暗示性，受暗示性高的个体很容易受到别人的影响。他们的行动不是从自己的信念和认识出发，而是为别人的言行所左右。

2. 果断性

意志的果断性表现为个体有能力及时采取有充分根据的决定，并且在深思熟虑的基础上去实现这些决定。具有良好的意志果断性品质的人，善于审时度势，善于对问题情境做出正确的分析和判断、洞察问题的是非真伪。果断性的对立面是优柔寡断。具有这种不良意志品质的人，在决策时常犹豫不决；在执行决定时，常出现动摇。

3. 坚持性

意志的坚持性表现为长时间坚信自己决定的合理性，并坚持不懈地为执行决定而努力。具有坚持性的人，具有明确的行动方向，能在困难面前不退缩，压力面前不屈服，引诱面前不动摇。坚持性的对立面是动摇性和执拗。动摇性是遇到困难便怀疑预定的目的，不加分析便放弃对预定目的的追求。动摇性高的人做事容易见异思迁，遇挫折便望而却步，无法达到预定的目的。而执拗的人对自己的行为并不能做出理智的评价，总是独断专行。这种人无法客观地认识形势，尽管事实证明他是错的，他仍无动于衷，自行其是。

4. 自制力

意志的自制力是善于控制自我的能力。如善于控制自己的行为和情绪反应的能力等。有意志力的人能自我控制、排除外界诱因的干扰。自制力还表现为对自己的情绪状态的调节，如能很好地抑制激情、暴怒、愤慨和失望等。

二、个性倾向性差异

个性倾向性是一个人的态度和积极性行为的动力系统。它决定着人对现实的态度及认识和活动对象的趋向和选择。就人的整个心理现象而言，个性倾向性是人的一切心理活动和行为的调节系统，也是个性积极性的动力源泉。个性倾向性主要由需要、动机、兴趣、理想和世界观等因素构成。

（一）需要与动机

需要是个体和社会的客观要求在人脑中的反映。它是由缺失引起的不满足感，是个体心理与行为活动的基本动力，是一种心理状态。动机是引起、维持和指引人们从事某种活动的内在动力，它可以用来解释或说明个体行为发生的原因或理由。动机是由人的需要转化而来的，动机是需要的动力作用的表现形式。人的一切有意识活动都是在动机的驱使下进行的。例如，喝水是由于有机体有渴的感觉而引起；见人打招呼是出于礼节；等等。

美国心理学家马斯洛通过对各种人物的观察和对一些人物传记的研究，提出了"需要层次"理论。把人类的需要按其发展顺序分为五个层次：生理的需要、安全的需要、归属与爱的需要、尊重的需要和自我实现的需要。马斯洛认为，首先，人类的需要是有层次的，只有低级需要得到满足，才会进一步追求较高层次的需要，即需要是由低级需要向高级需要发展的；其次，人在同一时间内有很多需要，但其中必有主导性需要，人的行为是由主导性需要所决定的；最后，人的需要很难得到全部满足。马斯洛还认为，人类的需要与个体的生长发育密切相关。婴儿期的主导需要是生理需要，然后逐渐产生安全需要、归属需要，到了少年期和青年初期，爱情、自尊等需要日益增强，青年期以后，自我实现的需要得到发展。但是人类需要的发展不是一个间断的阶梯，低级需要不一定完全得到满足后才产生高一层次的需要，它的演进往往是波浪式的，低一级需要的高峰过去之后，较高一级的需要就会起主导作用。

（二）兴趣

兴趣是一种带有浓厚情绪色彩的认识倾向，它以认识和探索某种事物的需要为基础，是推动人去认识了解事物、探求真理的一种心理倾向。这种倾向具有稳定性，能使人把心理活动较长时间地维持在某种事物或活动上。例如，对体育感兴趣的人，总是先注意有关体育的活动，各种体育信息都会引起他的极大关注，他会表现出对体育的向往，并伴随着兴奋、愉快等肯定性情感。个体在倾向性、广阔性、稳定性和效能性等兴趣品质方面存在着巨大的个体差异。

1. 倾向性

兴趣的倾向性是指个体对什么发生兴趣。如有的人对自然科学感兴趣，有的人对社会科学感兴趣。兴趣指向的个体差异，是由人的生活实践和教育不同所造成的，并受一定社会历史条件所制约。与社会进步、科技发展相联系的兴趣能使个人潜力得以充分发挥，为社会做出较大的贡献；相反，与腐化堕落事物相联系的兴趣会销蚀人的斗志，阻碍个人健康成长。

2. 广阔性

兴趣的广阔性是指兴趣范围大小方面的特征。有的人兴趣广泛，对许多事物和活动都兴致勃勃，乐于探求；有的人兴趣单一，范围狭窄，对周围很多事物和活动都漠不关心。个体的知识面与兴趣的广阔性密切相关。广阔的兴趣应在正确倾向的指导下形成中心兴趣，一专多能，才能取得成就。

3. 稳定性

兴趣的稳定性是指兴趣持续时间长短方面的特征。有的人长期对他所从事的工作和研究的问题保持浓厚的兴趣，不论遇到什么困难都能克服，就易于在事业上取得成就；而有的人缺乏稳定的兴趣，见异思迁，朝秦暮楚，一种兴趣很容易为另一种兴趣所代替，做事没有恒心，这种人无论做什么事情都将是一事无成。

4. 效能性

兴趣的效能性是指兴趣对活动的作用大小的特征。积极的、有效能的兴趣，能促使人积极主动地学习和工作，并产生明显的效果。反之，消极的、无效能的兴趣，仅仅停留在消极期待或欣赏阶段，只是"心向往之"而已。这种兴趣不可能成为活动的动力，不产生任何效果。

（三）理想

理想是符合客观规律的并同奋斗目标相联系的想象。奋斗目标是人积极向往的对象。作为理想的奋斗目标是符合事物发展规律的。对于这个奋斗目标，人既有生动的想象内容，明确的思想认识，又怀有喜爱、赞扬等肯定的情感体验，并且决心力求加以实现。

在我国，有人把多种多样的理想概括为职业理想、道德理想和社会政治理想三种。职业理想是指自己在将来的生活道路上所从事的职业设想；道德理想是指考虑自己将要成为有什么样道德品质的人；社会政治理想是指自己为什么样的社会、国家而奋斗。调查研究表明，理想的三种成分在一个人身上不一定同时存在。

理想不仅在内容方面有差异，在形式方面也有不同。随着人们年龄的增长，知识经验及认识水平的提高，他们的理想形式也在发展变化。我国学者把理想的形式从认识角度分成三种发展水平：一为初级水平的具体形象理想；二为综合形象理想；三为比较高水平的概括性理想。

（四）价值观

价值观是个体关于事物对个人或社会的重要性与意义的看法、观点或观念体系。价值观包括内容和强度两种属性。内容属性指的是某种行为模式或存在状态是否重要，强度属性界定的是它的重要程度。当我们根据强度来对一个人的价值观进行排序时，就可以得到一个人的价值系统。对于人类来说，任何事物都有潜在的价值，但由于人们对同一事物价值的看法不相同，故形成了多种价值观。

个人的价值观一旦形成，便成为个人衡量或评价实物的标准，在个人认知事物中起到过滤器的作用。一些事物在某人看来是重要的或首要的，要热心追求，甚至付出毕生精力；而另一个人则认为它是次要的或完全无意义的，弃之如敝屣，这就是价值观不同所造成的差别。一项研究对公司经营者、钢铁业的工会成员和社区工作者进行了比较，结果表明，尽管三组人的终极价值观和工具价值观有很多部分是重叠的，但是三组人群的差异也十分明显（见表3-2）。社区工作者的价值偏好与其他两类人群存在很大差异，他们认为平等是最重要的终极价值观；而公司经营者和工会成员却分别将这种价值观列在第12位和第13位。

表3-2 公司经营者、工会成员和社区工作者的价值观排列（仅列出最高的5项）

公司经营者		工会成员		社区工作者	
终极价值观	工具价值观	终极价值观	工具价值观	终极价值观	工具价值观
1. 自尊	1. 诚实	1. 家庭安全	1. 负责	1. 平等	1. 诚实
2. 家庭安全	2. 负责	2. 自由	2. 诚实	2. 和平的世界	2. 乐于助人
3. 自由	3. 能干	3. 快乐	3. 使人鼓舞	3. 家庭安全	3. 使人鼓舞
4. 成就感	4. 雄心勃勃	4. 自尊	4. 独立	4. 自尊	4. 负责
5. 快乐	5. 独立	5. 成熟的爱	5. 能干	5. 自由	5. 能干

资料来源：斯蒂芬·P·罗宾斯的《组织行业学》。

三、个性心理特征差异

个性心理特征是在个体身上表现出来的长期的、稳定的区别性特征，主要包括气质、性格和能力三个方面。

（一）气质

现代心理学认为气质是个人行为全部动力特点的总和，是不以活动目的和内容为转移的典型的、稳定的心理活动动力特性。气质是表现在情绪和活动的速度、强度、灵活性方面的动力特征。一般认为，气质具有明显的天赋性、稳定性和可变性，但由于生活环境和教育的影响，它在一定程度上也是可以改变的。

个体在气质方面的差异，主要表现在气质类型上。现代心理学把人们的气质主要划分为四种类型，分别为胆汁质、多血质、黏液质和抑郁质。

1.胆汁质

胆汁质的个体属于战斗型。这种人果断热情且精力充沛、直率、表里如一、行动敏捷、生气勃勃、刚毅顽强，并且这种人情绪情感的活动急剧烈而易变，行为的外倾向比较明显。他们往往以极大的热情投入到事业中去，能克服重重困难，但一旦精力消耗殆尽，就容易对自己的能力失去信心，情绪低落。此外，还容易表现出性急，易于爆发狂热而不能自制等。

2.多血质

多血质的个体属于敏捷好动型。这种人具有显著的工作效能并且对工作很热忱，易于适应环境的变化，活泼好动、热情大方、善于交往但交情浅薄。在集体中精神愉快，朝气蓬勃，能较快把握新事物，但一旦事业不顺利时容易缺乏耐心和毅力，注意力不稳定，并且热情大减。

3.黏液质

黏液质的个体属于缄默而沉静型。这种人安静、沉着、平稳，不论环境如何变化都能保持平衡。并且喜欢沉思，自制力强、耐受力高、内刚外柔，能够很好地克服自己的冲动，能够严格遵守工作制度和生活秩序，但这种人具有主动性差、缺乏生气、不灵活、不善于转移注意力等缺点。

4.抑郁质

抑郁质的个体属于呆板而羞涩型。这种人的心理活动和外部动作迟缓而又柔弱，对事物的感受性很强、踏实稳重、自制力强。但情绪抑郁、多愁善感，不善交际、孤僻离群，忍耐力较差，软弱胆小，优柔寡断。

特殊的职业，如飞行员、宇航员、电站集中控制室的调度员、高空带电作业人员等，由于要经受高度的身心紧张，因而他们应该具有灵敏快速的反应，冷静、理智、胆大心细、临危不惧的心理品质。由于这些特殊工种对气质提出了特殊的要求，因此在进行人才测评活动时，要坚持气质要求的绝对性。一般职业，如车工、钳工、纺织工、售货员、医生、教师等虽然也要求人们具有相应的某些气质特点，但如果这些特点在某人身上表现较弱时，此人可以通过其他的气质来弥补。因此在进行人才测评活动时，又要坚持气质要求的相对性。

（二）性格

性格是一个人在生活中形成的，对客观现实稳固的态度，以及与之相适应的习惯化生活方式。性格在某种程度上是以道德观点来评价的，所以性格有好坏之分。现代心理学认为，一个人的性格特征主要包括对现实和对自己的态度特征、意志特征、情绪特征和理智特征四个系列。这些方面的不同就构成人们各自不同的性格结构。

性格的理智特征是指人们在感知、记忆、想象和思维的认识过程中所表现出来的个别差异；性格的情绪特征是指人们在情绪的强度、稳定性、持续性及稳定心境等方面所表现出来的个别差异。性格的意志特征是指人为了达到既定目标，自觉地调节自己的行为，千方百计地克服前进道路上的困难时，所表现出的意志特征的个别差异；性格的态度特征是指人在处理各种社会关系方面所表现出来的个别差异。

在性格结构之外，不同个体之间的性格差异还表现在性格类型上。性格的类型是指在一类人身上所共有的性格特征的独特结合。许多心理学家曾试图对性格进行分类来体现性格的差异，主要有机能类型说、向性说、独立-顺从说、优越型与自卑型等几种。其中，美国职业指导专家约翰·享利·霍兰德（John Henry Holland）提出的文化-社会类型说对于人才测评活动具有重要的参考价值。

霍兰德以人的社会意识倾向性为主要指标，把人的性格分为理论型、实际型、审美型、社会型、政治型和宗教型。霍兰德认为职业选择是个人性格的反映和延伸，其主要理论观点如表3-3所示。

表3-3　霍兰德六种个性、环境和职业类型的特点

类型	个性特点	环境特点	职业特点	适应的职业举例
实际型（R型）	具备机械操作能力和体力，适合与机器、工具、动植物等具体事物打交道	要求明确的、具体的工作任务，人际要求不高	熟练的手工和技术工作，运用手工工具或机器进行工作	如工程师、飞机机械师、电工等
研究型（I型）	具备从事观察、评价、推理等方面活动的能力，讲究科学性	要求具备思考和创造性能力，社交要求不高	科学研究和实验工作，研究自然界、人类社会的构成和变化	如数学家、科研工作者等

续表

类型	个性特点	环境特点	职业特点	适应的职业举例
艺术型（A型）	具有艺术性的、创造性的表达和直觉能力，不喜欢硬性任务，情绪性强	通过语言动作、色彩和形状来表达审美原则，单独工作	从事艺术创造	作家、演员、画家、记者、诗人等
社会型（S型）	喜欢从事与人打交道的活动，人道主义，但不能理智地解决问题	解释和修正人类行为，具备高水平的沟通技能，热情待人	通过指导、教育、培训、咨询等方式教育、帮助、服务他人	如教师、学校领导者、外交家等
企业型（E型）	以劝说、管理、监督和领导等能力获得法律、政治、社会、经济利益	需做言行反应，有说服他人和管理能力，完成监督性角色	劝说、指派他人去做事情的工作	如管理者、政治家、律师等
传统型（C型）	注重细节、讲求精确、具备记录和归档能力	要求系统、常规的行为，体力要求低，人际技能低	各种办公室、事务性工作	如会计、统计、出纳、秘书等

资源来源：沈文海，2002年。

（三）能力

能力是人们成功地完成某种活动所必需的个性心理特征，它在活动中表现出来，并直接影响活动效果，是个性心理特征的组成部分。能力总是和活动联系在一起，能力只有通过具体的活动才能表现出来。也就是说能力实际上是指个人从事相应活动的能力。人的能力具有明显的差异，一个人的能力有高低、大小的不同。个体的能力差异主要表现在能力类型、结构和智力发展水平三个方面。

1.能力类型

能力类型的差异是能力本质的差异，能力类型有一般能力和特殊能力、模仿能力与创造能力、认知能力和操作能力及流体能力和晶体能力。具体来说，一般能力，是在不同种类的活动中所表现出来的共同能力，大致包括观察力、思维力、言语能力、想象力、记忆力、操作能力；特殊能力，是指从事某种专业活动所必需的多种能力有机结合形成的能力；模仿能力是指通过观察他人的言行来学习知识技能，并以相同方式作出相同反应的能力；创造能力是指发现新原理、法则、规律，形成新技能、发现新方法和解决问题的新途径，开发新产品的能力；认知能力是观察力、记忆力、想象力、思维力，是获得知识、揭示客观世界的规律、解决问题，以及完成活动中最主要的心理条件；操作能力的外显动作明显，如写字、驾驶汽车、打球、体操、游泳、演奏乐器、操纵机器等，都是由相应的神经过程所支配的骨骼肌肉运动实现的一系列外显动作；流体能力是指人在认识和解决问题的过程中所表现的能力，如词汇、关系的认知、演绎推理、概念形成等多方面的能力；晶体能力是指通过后天学习获得语文、数学及其他科学知识内容的能力。

2. 能力结构

能力的结构即是能力所包括的因素。不同的学者针对这一问题提出了不同的理论，如英国心理学家查尔斯·爱德华·斯皮尔曼（Charles Edward Spearman）的"二因素结构说"认为，能力是由一般因素和特殊因素构成的。美国心理学家路易斯·L.瑟斯顿（Louis L.Thurstone）的"群因素说"认为，能力是由许多彼此无关的原始能力所构成，主要有七种：计算、词的流畅性、言语能力、记忆、推理、空间知觉与知觉速度。另外，美国心理学家J.P.吉尔福特（J.P.Guilford）的"智慧结构说"认为，智慧因素是由操作、材料内容和产品三个维度所构成的。第一个维度是操作，包括认知、记忆、发散思维、辐合思维和评价五种智力类型；第二个维度是材料内容，包括图形、符号、语义和行为四种类型；第三个维度是产品，即智力活动的结果，它包括单元、门类、关系、系统、转换和含蓄六个方面。

3. 智力发展水平

人的智力发展有水平差异，这种差异表现在超常儿童和低常儿童身上。超常儿童是指那些智力发展很快，显著地超过了同年龄儿童的水平，也包括具有某种才能，能创造性地、卓有成效地完成活动的儿童。根据研究表明，超常儿童能力具有以下共同的特点：知觉全面、准确、概括、迅速；注意力集中、范围广阔，记忆速度快、准确而巩固；思维灵活、有广度和深度。在特殊能力方面，虽然类型不同，但在某些方面都有优异的发展。

第四章 人才测评的心理学基础

我们所指的人才素质是一个综合性概念，但就其素质的核心部分来说，主要是指人的智能、个性特征及对环境的适应性。因此，人才测评与心理学的关系十分密切，也可以说是心理学的理论和技术在人才测评中的应用。所以，为了较深入地了解人才测评的理论和方法，必须掌握一些有关的心理学知识。

第一节 智能活动是人脑的机能

人的心理是人脑的机能，人脑是产生心理的器官，这一正确的科学结论是人类经过长期的研究、探索、实验而得出来的，这也是辩证唯物主义对脑和心理的关系的基本观点。世界的本质是物质的，心理、思维、意识是与物质现象有区别的精神现象，但心理又不能离开物质而存在，并且只能作为物质的产物而存在，这就是唯物主义的心理观。

在统一的物质世界中包含着无限多样的物质形态，自然界和社会生活中的一切现象，都是运动着的物质的各种不同的表现形式。从物质发展史来看，由无机物发展成为有生命的有机物，大约经过了30亿年，而人类的起源迄今大约有300万年的历史，心理既不存在于物质之外，也不是一切物质的产物和特性，只是物质发展到一定高级阶段的产物，是物质运动的一种特殊形式，即神经系统和人脑的机能。恩格斯说："我们的意识和思维，不论它看起来是多么超感觉的，总是物质的、肉体的器官，即人脑的产物。"人脑是一块十分复杂而精致的物质，列宁把它称作是"按特殊方式组成的物质"。

人脑这块复杂而又特殊的物质结构是如何组成的？人脑是如何产生心理现象的？这就是我们下面要讲述的问题。

一、人脑的结构

神经系统分为中枢神经系统和周围神经系统。中枢神经系统包括脑（大脑、小脑、间脑、中脑、脑桥、延脑）和脊髓。大脑是中枢神经系统的最高级中枢（亦称为大脑皮质中枢），它对皮质下各级神经中枢的活动都具有抑制和调节的功能。小脑通过它与大脑、脑干和脊髓之间丰富的传入和传出的联系，参与躯体平衡和肌肉张力的调节。间脑包括丘脑和下丘脑，丘脑是较高级的感觉中枢，是绝大部分传入信息通向皮质区的中继站（信息转换站）；下丘脑是调节植物性神经系统活动的较高级中枢。中脑、脑桥、延脑三部分统称为脑干，脑干的主要功能是维持个体生命，包括心跳、呼吸、消化、体温、睡眠等重要生理功能，亦称为"活命中枢"。脊髓是中枢神经系统的最低级部位，执行一些简单的反射机能（如排泄、肌紧张等）。

周围神经系统包括12对脑神经、31对脊神经和植物性神经（交感神经、副交感神经）。它们分布于人的全身，分别执行着神经冲动的传入（感觉冲动）和传出（运动冲动）功能。

据研究，人脑由1 011～1 012个神经细胞组成（由一千亿至一万亿个神经细胞组成），神经细胞的数量在胚胎期至出生后两个月就定下来了。刚出生婴儿的脑的重量约为390g，1岁时约为900g，3岁时约为1 011g，7岁时约为1 280g，9岁时约为1 350g，12岁时接近成人水平，达1 400g（成人脑重平均为1 350～1 500g）。据有关研究资料报道，5岁儿童的脑重可达成人脑重的95%。从人脑重量的增长变化规律来看，年龄越小，脑的发育速度越快，即脑的发育速度与年龄呈负相关。

从大脑皮质的面积增长情况来看，皮质面积在3～3.5岁时增长速度特别快，在某些功能特别复杂的皮质（如额叶区）中，皮质面积的扩大要继续到7岁，甚至12岁。

人的大脑是产生心理活动的主要器官，它是由左右两个半球组成的，中间靠胼胝体把两个半球联系起来。大脑的重量占全部脑重的60%～70%，覆盖在大脑两半球表面的呈灰色的一层，称为大脑皮层或称为大脑皮质，其厚度平均为2.5mm，由浅及深可分为六层。皮层的一至四层特别重要，它们的主要机能是接受信息、分析综合信息、加工处理信息和储存信息，是人脑产生心理活动的最重要部位，大脑的病变或衰老也先从这四层开始；第五、六层的主要功能是接受上面几层传来的冲动，并将这些神经冲动传到脑干和脊髓，通过脑神经和脊神经将冲动传到有关器官，以调节和控制人体的各种心理行为活动。

大脑皮质根据部位不同，可分为额叶、颞叶、顶叶、枕叶四个叶区，每个叶区都有它主要的功能。如果细分，可将大脑皮质划分为不同部位的50个机能区，皮质不同的部位的机能特征是由这个部位的神经细胞结构特征所决定的。

额叶区：额叶区是人的智力和抽象思维的最高整合功能区，也是人的行为调控的最高级中枢。例如，记忆中枢、思维中枢、运算中枢、说话中枢（运动性语言中枢）、书写中枢均在额叶区。

颞叶区：颞叶区为听觉区，它具有复杂的整合功能。它能将听知觉、视知觉，以及其他感觉系统传来的信息整合起来，形成统一的综合感觉。另外，颞叶还有记忆功能，左颞叶主要影响语言记忆，右颞叶主要对普遍性遗忘（记忆）产生影响。

顶叶区：顶叶区为躯体感觉区，如触觉、痛觉、温度觉、体位觉和动觉等均为顶叶的功能。并且，它还具有整合躯体各种感觉的综合功能。

枕叶区：枕叶区为视觉区，主要执行与视觉有关的接受信息、加工处理信息、储存信息、传递信息及整合信息，并具有产生综合感觉的功能。

大脑皮质是一个统一体，每个叶区之间既有联系，又相互制约，各有分工。每个叶区的机能也是相对的，而不是绝对的。每个叶区的主要机能仅表示执行这种机能的神经细胞在该叶区内比较集中，但也有弥散分布执行其他机能的神经细胞。

大量的临床实践证明，大脑两半球在机能上存在着不对称性。左半球主要执行语言功能，并调节人的各种行为活动，称为语言优势半球，例如，患失语症的人，能顺利地唱歌；右半球主要执行对非语言视觉图像的感知（物体的形态）、空间感知和音乐感知功能，因此，称为非语言优势半球。大脑左、右半球之间还存有联合的功能及互相代偿的功能。

另外，大脑皮质高级中枢对皮质下中枢（间脑、中脑、脑桥、延脑、脊髓）具有调节、控制和支配的功能，而皮质下中枢的活动对大脑皮质的活动也具有一定的反馈调节作用。

二、人脑的机能

（一）脑的机能联合区的新概念

心理活动是大脑皮质和皮质下中枢各个机能系统协同活动而产生的。传统的观点把人的心理活动当作是有限脑区的机能，如果说用刺激的方法或是用切除有限脑区的方法来证实不同脑区的机能，这只能是局限地、孤立地反映其基本机能，而人类复杂的心理活动形式和特点，如知觉、记忆、运用、语言、书写、阅读、思维、计算等，却远远不是孤立的能力，不能理解为有限细胞群的直接机能，不能定位在一定的脑区。例如讲课，不仅是语言表达功能，而且是认知、记忆、联想、运用、思维等功能的综合。同样，听课也是一种综合的心理活动形式，它包括认知、书写、联想、分析、思维等。因此，应该把基本的意识活动当作最复杂的机能系统来看待，这就从根本上改变了对意识活动在大脑皮质内"定位"的基本观点，而确立了神经心理学说——关于人的心理过程脑组织学说，即脑的机能联合区新概念。

1. 调节张力与觉醒状态的联合区

这个联合区又称为第一机能联合区，或称为皮质与皮质下联合区，它具有调节大脑皮质兴奋水平（皮质张力）与维持觉醒状态的功能。

众所周知，人只有在最佳觉醒条件下，才能最好地接受与加工信息，保证复杂的心理活动顺利进行，并实现对意识活动的调控作用，使行为活动的方向符合规划的要求。而在睡眠或半睡眠状态下皮质张力降低，兴奋与抑制的正常关系受到破坏，因此不可能对心理过程进行精确地调节。

皮质张力是由脑的什么结构来调节、保证的呢？现已查明，保证与调节皮质张力的脑结构装置并不在大脑皮质本身，而在较低的脑干与皮质下部位，亦称为网状结构。它们具有增加皮质张力和受皮质调节的双重关系。网状结构对皮质张力与觉醒状态的调节，是根据人面临的任务所进行的有组织、有目的意识活动状态而发生的，网状结构的激活反应，表现为兴奋性、感受性提高，从而给予大脑皮质以一般兴奋性影响。

网状结构的激活源有三种来源：第一，机体内的代谢过程引起的刺激源，如原始的自动反应（呼吸、循环、消化、内分泌和物质能量代谢相关的生命活动）和先天行为（本能的生理需要）；第二，机体受到外部的刺激作用，这种激活源来源于各种感官的兴奋流，人失去了经常的输入信息的作用就会进入睡眠状态；第三，来自皮质高级部位传来的兴奋冲动。

这个联合区的功能主要阐明和突出了皮质下部位的活动对皮质活动的影响和作用，当然，这个联合区的工作亦是同皮质高级部位紧密联系着的。

2. 接受、加工信息和储存信息的联合区

这个联合区又称为第二机能联合区，或称为认知皮质区，这个机能联合区的结构位于新皮质，包括视觉区、听觉区、一般感觉区，它主要的功能是接受体内外各种信息，并对它们进行加工和储存。根据输入信息的性质、复杂程度及意识活动的目的，对输入信息可分三级处理。

一级区：具有高度的感觉形态特性（通常称为特异性投射区），主要完成分析功能和信息定位。它在接受和处理信息时是按照点对点的投射方式进行的，将单个信息（光点）严格地传递到指定部位，产生信息图像（巴甫洛夫提出的分析器的终末部分——核心部分完成的功能）。例如，我们可以感知到各种物体的具体形态，一个茶杯、一个篮球、一辆轿车、一个男人等。

二级区：感觉形态特性减小，主要完成信息加工、复制，将单个信息变成多信息，单模式转为多模式，具有一定的整合和综合的功能。它可以对视觉信息、听觉信息、一般感觉信息进行整合，产生一种综合感觉，而单一的、具体的感觉形态特性再缩小、减弱或模糊起来。例如，看见一个篮球的形态，听见运球的声音，触摸到球的实体，最后产生的是一种综合感觉——"球感"。这部分功能是由分析器的皮质区周围部分来完成的，即各种感觉神经元在其周围弥散式的分布筑成了交叉联系的结构，它具有综合各方面信息的能力。

三级区：是在二级区神经结构基础上，不同分析器皮质区的交叉区，其感觉形态特性更小，以致原有的感觉形态消失。所以，三级区完成着高级的符号水平的认知功能，即获得了超感觉形态的性质，形成了抽象的概念，也称之为复杂的、高级的心理活动。例如，对"球"这个词来说，已经不是具体的实物，而是一种抽象的概念，当我们看到或读到"球"这个词时，在大脑皮质中可产生多种多样的"球"的表象，球的形态是抽象的、模糊的，而球的属性、功能及某种球类的比赛规则、实战情景却是清晰的。这就是对信息的提取、组合、进一步加工、再现、创造等高级心理功能。

3.活动程序编制、调控的联合区

这个联合区又称为第三机能联合区，即心理活动与行为调控的皮质区。人对外来信息的接受、加工和储存，仅是组成人的心理活动的一个方面，但人对外来的信息不仅仅是被动地反应，而且还会主动地制订自己的行动计划和程序，并注意它的实施情况，不断调节着自己的行为，使之符合于计划和程序。这些能动的意识活动过程是由大脑皮质第三机能联合区器官（神经结构）来完成的。

第三机能联合区器官位于大脑两半球的前部，在中央前回前方。这个机能联合区执行的功能，主要是由运动皮质区和额叶区来实现的，这个联合区的出口是运动皮质区，由它发出的神经纤维走向脊髓运动核，走向肌肉，构成大锥体系的一部分，故这是联合区的一级区，亦称为运动皮质区，它是运动冲动的"出口"，具有执行程序的功能。二级区是由运动皮质区和额叶区的联合神经结构组成，它具有预先编制运动程序的功能，然后，把运动程序传给大锥体细胞去执行。三级区主要由额叶区神经结构发挥重要作用，额叶对其实现设计意图、计划程序的形成，以及运动行为的调控起着极为重要的作用。脑的前额部有着极为丰富的联系系统，它不仅与皮质所有其余的外表部分相联系，而且还与脑的下部和网状组织的相应部分相联系。由于这些联系的双向性质，所以皮质的前额区就处于一种特别有利的地位，它既有利于处理来自脑的所有部位的最复杂的内导冲动进行第二次加工，也有利于对所有这些结构以调节性影响的外导冲动进行组织。所以，额叶区具有将各种感觉（视觉、听觉、动觉、一般感觉）进行综合的功能，起联合皮质的作用。总之，额叶区在保证程序的编制、调控运动行为，以及进行复杂的心理活动等方面（包括记忆、思维、运算、书写、推理、抽象化等复杂的智力活动）有着重要的作用。

（二）大脑皮质活动的基本规律

大脑皮质活动亦称为高级神经活动，它的活动包括相互对立和统一的兴奋过程和抑制过程。所谓兴奋过程是指大脑皮质某一部位的神经细胞由比较静息的状态转变为活动状态，使得与此相关的器官、肌肉和腺体的活动开始或加强的现象。所谓抑制过程是指大脑皮质某一部位的神经细胞由活动状态转变为相对静息的状态，使得与此相关的器官、肌肉、腺体的活动减弱或停止的现象。

兴奋与抑制是皮质神经活动同一过程的两个不同方面，它们性质相反，但又相互依存、相互影响、相互制约、相互转化。人的任何心理活动的产生都离不开大脑皮质兴奋与抑制的协调活动。大脑皮质活动的基本规律概括起来有三个方面。

1.兴奋和抑制的扩散与集中

在刺激的作用下，大脑皮质某一部位会产生兴奋或抑制。兴奋或抑制过程一旦产生，就不会停留在原发点上，而是要向它的邻近部位或其周围的神经细胞传播，这就是兴奋或抑制的扩散作用；当兴奋或抑制扩散到一定程度后，又逐渐向原发点汇聚，这就是兴奋或抑制的集中现象。

兴奋与抑制过程的扩散和集中均与刺激强度有关，一般是强度过大或过小的刺激均易产生兴奋和抑制过程的扩散，而中等强度的刺激易产生兴奋和抑制过程的集中现象。例如，有的人兴奋性很高，当遇到一件十分高兴的事时，就会兴致勃勃、手舞足蹈；有的人晚间参加竞赛活动或参加狂欢活动后，就久久不能入睡；有的人酒饮到了一定量后，就打开了话匣子，有声有色，滔滔不绝。这都是由于较强的刺激引起兴奋扩散的现象。又如，较长时间坐火车，由于单调的车轮声的刺激，易进入睡眠状态；节奏缓慢、抒情的摇篮曲可使小孩很快地入睡。这都是由于较长而弱的刺激引起皮质抑制过程扩散的现象。

2.兴奋与抑制的后作用

机体接受某种刺激（包括阳性刺激与阴性刺激），在刺激停止后，中枢内的兴奋与抑制过程还能延续若干时间，这种现象称为兴奋和抑制的后作用。兴奋与抑制过程发生后作用的程度强弱及时间长短，与兴奋与抑制过程扩散的程度有关，兴奋与抑制过程扩散的程度越强，其后作用越明显，持续时间也越长。兴奋与抑制过程的后作用亦是皮质神经活动存在的普遍规律。例如，当人遇到突然的刺激或强烈的刺激时，人的心情久久不能平静下来，这是由于皮质神经细胞产生强烈的兴奋扩散及后作用的结果。我们看电影，影片中的人物活动是连续的，而不是间断的，这是由视觉皮质细胞兴奋的后作用所致。同样，在抑制性刺激的作用下，由于抑制的扩散及后作用的影响，大脑皮质的兴奋性水平会降低，有时会出现"视而不见""听而不闻"的现象。

3.兴奋和抑制的相互诱导

兴奋与抑制神经活动过程之间，有着相互影响、相互加强、相互转化的关系，我们把这种关系称为诱导关系。具体地讲，兴奋与抑制的关系可分为同时诱导和相继诱导两种。

所谓同时诱导，是指兴奋与抑制过程同时在中枢神经系统内的不同部位中彼此相互加强的现象。如果中枢内某一部位的兴奋过程加强了它周围的或另一中枢的抑制过程，称为同时负诱导。例如，当一个人专心致志地学习或工作时，对外界发生的一些无关刺激都毫无感知，甚至达到"废寝忘食"的程度，这就是同时负诱导的现象。如果中枢内某一部位的抑制过程加强了它周围或另一中枢的兴奋过程，称为同时正诱导。例如，一个人憋气（呼吸暂停）时可增强肌肉的收缩力量；一个人在思考问题时，"闭目沉思"可提高思维活动的效果，这就是同时正诱导的现象。

所谓相继诱导是指兴奋与抑制过程在中枢的同一部位，兴奋与抑制过程在时间上先后相互转化的现象。如果中枢某一部位由兴奋过程转为抑制过程，称为相继负诱导。例如，较长时间的学习、工作、劳动均会产生疲劳的现象，其机制是皮质某一中枢部位因长时间兴奋转化为抑制过程的结果。如果中枢某一部位由抑制过程转为兴奋过程，称为相继正诱导。例如，一个人由睡眠状态转为清醒状态，由相对安静状态转为运动活动状态，这些都是相继正诱导现象。

（三）高级神经活动的基本方式

从一切心理和行为活动都是按照其发生的方式来看，都是反射活动。人的心理活动主要是高级神经活动（大脑皮质活动）的结果，而高级神经活动的基本方式是条件反射。

1.条件反射及其形成

巴甫洛夫认为，动物和人的各种重要生理活动，主要是通过反射的方式进行的。他把反射分为两大类：一类是非条件反射，另一类是条件反射。

非条件反射是动物与人生来俱有的反射，这类反射是先天的、遗传的，神经通路是固定的，一般是不会消退的；非条件反射的实现可以不需大脑皮质参与，是皮质下各级中枢就能实现的反射活动；这类反射的数量很有限，形式也较简单、刻板，只能与外界保持有限的平衡，维持机体的基本生存需要；非条件反射活动一般较强烈，兴奋占优势。

条件反射是动物和人在生活过程中，经过学习、训练建立的，是后天获得的，反射神经通路是暂时性接通，不巩固，易消退；条件反射是必须在大脑皮质参与下才能实现的活动；其数量是无穷的，反射形式灵活、复杂、多样，保证机体对环境的精确适应；条件反射是在非条件反射的基础上建立起来的。一般来说，人的条件反射活动可以抑制非条件反射活动。

条件反射的形成，必须先出现条件刺激（如光、声刺激等），然后出现非条件刺激（食物、疼痛刺激等），二者必须结合一段时间，并多次强化（经过多次学习和训练）。当条件刺激（铃声）再出现时，而不给予非条件刺激（食物）强化，动物也会大量的分泌唾液，说明条件刺激（铃声）已变成食物来临的信号，即在动物大脑皮质内的听觉中枢与摄食中枢之间建立起了神经的暂时性联系，条件反射已经形成。

简单的食物性条件反射、防御性条件反射在人身上是很容易形成的。例如，婴儿看见空奶瓶就闹着要吃奶，小孩看见穿白大褂的医生就害怕被打针，这些条件反射都是在日常生活中自然而然地形成的。即使是在成人身上我们也能观察到这种简单的条件反射建立的情景。我们做这样一个小实验：令被试者眼视前方的信号灯，先亮红灯光，然后用50V强度的电刺激，刺激被试者的手背皮肤，被试者体验到电刺激的滋味，并迅速作出屈肌反射活动。第二次，当红灯一亮，还没有给刺激，被试者便迅猛地将手缩回，逃避电刺激，这说明防御性条件反射已经形成了。

当然，人类除了对具体的条件刺激物（称为第一信号）建立数量繁多的条件反射活动系统（称为第一信号系统的反射活动）外，还能对抽象的语言、文字、符号等刺激物（称为第二信号）建立极为丰富、复杂、多样的条件反射活动系统（称为第二信号系统的反射活动）。第二信号系统反射活动是人类所独有的，这也是人的心理和动物心理的本质区别所在。第一，第二信号系统活动使我们不仅可以获得直接经验，而且可以获得间接经验，可以"站在巨人的肩膀上"前进；第二，第二信号系统的语词具有高度的概括性，它使我们能更深刻地反映客观现实；第三，第二信号系统活动使我们对客观世界的认识具有较大的能动性，并成为改造客观世界的主体。

2. 大脑皮质的抑制性条件反射

条件反射形成的机制，可以归纳为一句话，即所谓条件反射的建立就是在大脑皮质内两个以上中枢之间建立起了暂时性的神经联系。在大脑皮质内是两个以上兴奋中枢之间发生的暂时性神经联系（兴奋冲动的接通），称为兴奋性条件反射，或称为阳性条件反射，它是以效应器官活动的开始或加强来表现的。但是，在大脑皮质内，抑制过程也能建立条件反射，这种抑制性条件反射，也称为阴性条件反射，它是以效应器官活动的减弱或停止来表现的。

大脑皮质内发生的抑制过程并不都是抑制性条件反射，如外抑制、超限抑制属于非条件性抑制反射，另外还有睡眠抑制，它也不同于条件性抑制，它们都是无须经过学习和训练，生来就俱有的抑制性反射。所以，确切地讲，大脑皮质内的抑制过程（内抑制）是指条件性抑制反射。大脑皮质内的抑制可归纳为四种：消退抑制、分化抑制、延缓抑制和条件抑制。

（1）消退抑制

在一个阳性条件反射建立后，如果只反复给条件刺激，而不用非条件刺激强化，结果建立的条件反射中枢将由兴奋转为抑制，这种现象称为消退抑制。

人类具有消退抑制的功能，可以对已经建立起来的各种反射活动，因不符合现实环境的需要，或失去对自身发展的意义时，将其消退。例如，对错误动作的消退，错误行为的消退，错误语言、文字的消退及旧的习惯的消退等。特别需要注意的是，对人的养成教育要从婴幼儿、儿童、少年、青年抓起，一直常抓不懈。家长和老师在教育中要利用消退抑制的原理，对其错误动作、行为和不良习惯进行矫正训练，帮助建立正确的动作定型，养成良好的生活习惯和学习习惯。

（2）分化抑制

分化抑制是指机体能将性质非常相似的各种条件刺激精确地区分开来，即只对经常被强化的条件刺激发生阳性反应，而对其他相似的刺激，因不被强化而发生抑制的现象，称为分化抑制。

在建立条件反射的初期，不仅被强化的条件刺激可以引起阳性反应，而且与之相似的刺激，虽未经强化，也能引起阳性反应，这种现象称为条件反射的泛化。只有当条件反射达到分化抑制阶段时，机体对刺激的反应才能变得十分精确，不再徒劳无益地对没有信号意义的刺激发生反应。分化抑制是人类认识客观世界、鉴别事物、适应环境、调节行为的基础，也是大脑皮质内最基本、最重要的抑制性条件反射。

（3）延缓抑制

延缓抑制是由于延长条件刺激和非条件刺激的间隔时间而发生的一种抑制现象。

延缓抑制的建立，同样使机体能更精确地适应外界环境，当非条件刺激需在条件刺激作用数秒或数分钟或更长时间后才出现时，机体能较精确地判断时间而作出相应的反应，避免过早地发生反应而浪费能量。人类在生活、运动实践中，凡是与时间相关联的活动，都有延缓抑制的现象存在。例如，讲话节奏、音乐节奏、运动节奏的掌握适当都是借助于延缓抑制来实现的。特别是在体育比赛中，排球的扣球、拦网，篮球的争夺篮板球、盖帽等，都需要建立精确的延缓抑制，方能收效。

（4）条件抑制

条件抑制是指在一个阳性条件反射建成和巩固后，如阳性条件刺激和一个附加的刺激（构成复合性刺激）同时作用时，不用非条件刺激强化。而只有阳性条件刺激单独作用时才给予强化，这样经过多次重复后，对复合刺激产生的抑制现象，称为条件抑制。

人类具有条件抑制的功能，它使人类能够约束自己的行为，更精确地去适应复杂的外界环境变化。如一切法规、纪律、竞赛规则都是给人们建立的条件抑制。也就是说，社会要求人们应该做什么，如何去行动，就是建立阳性条件反射；而社会不允许人们去做什么，制止这种行为，就是建立条件抑制反射。

三、高级神经活动类型

巴甫洛夫根据大脑皮质神经过程的基本特性，包括神经过程的强度、均衡性和灵活性等，把动物和人的高级神经活动划分为不同的类型。

人的高级神经活动类型（简称神经类型），应理解为作为完整的人体其神经类型特征是以神经系统的整体活动表现出来的，它直接影响到人的心理过程（包括认知、情感、意志等）、行为方式，以及个性心理的形成和发展。所以，神经类型与人的认知能力水平、行为方式特点和个性心理特征（包括气质、能力、性格）有着十分密切的关系。神经类型是由神经系统的基本特性的不同组合而构成的，那么，这些基本特性的表现形式、特点和规律是什么？对实践的指导意义和作用是什么？这就是我们要讲述的问题。

（一）神经系统的基本特性

神经系统的基本特性是构成神经类型的基本单位（元素）。1910年巴甫洛夫的学生尼基弗洛夫斯基（Nikiforovsky）提出以神经过程的平衡性作为划分类型的指标。1927年巴甫洛夫的学生伊万诺夫-斯莫林斯基提出以神经过程的灵活性和平衡性作为划分类型的指标。1935年巴甫洛夫经过反复实验，多次审查，把神经过程的强度作为最重要的特性提出来，从而确立了根据神经系统活动的强度、平衡性、灵活性等基本特性作为划分神经类型的标准。

1. 神经系统兴奋与抑制过程的强度

神经系统活动过程的强度是神经系统最重要的特性。兴奋过程的强度，可以在应付环境的非常事件（极强的刺激）中表现出来。兴奋过程强度系指皮质细胞的工作能力及这种能力所达到的极限。例如，在一次工厂发生爆炸事件面前（极强的强度刺激），有的人能承受这种极强的刺激，并能保持冷静清醒的头脑，迅速做出相应的反应；而有的人则承受不了这种极强的刺激，由此导致产生超限抑制，表现出丧魂失魄、呆若木鸡，甚至有的人还会因过强的刺激而诱发神经分裂症。

神经系统兴奋过程的强度可以从三个方面来评定：

①承受极强的刺激表现出来的耐受性；

②承受长时间刺激表现出来的抗疲劳的能力；

③采用诱导法，服用不同剂量的咖啡因，测定其感受性和耐受性。

神经系统抑制过程的强度可以从两个方面来评定。

①根据抑制性条件反射建立的容易程度评定。一般是强而集中的抑制过程易建立抑制性条件反射，表现为自控能力、自制力强。

②根据抑制性条件反射的稳定性评定。一般是过强或过弱的抑制过程易产生抑制的扩散或抑制的解除，重新出现泛化现象。例如，当机体发生疲劳或机能状态不良时，既可能表现出抑制过程过强，抑制占优势，发生抑制过程的扩散和后作用，出现精神不振、疲倦、嗜睡现象；也可以表现为抑制强度减弱，出现烦

躁不安、情绪变化大、自控能力下降，发生条件反射泛化现象。

神经系统活动的兴奋与抑制过程的强度受个体先天遗传因素的影响，大脑皮质兴奋水平（皮质张力）高低差异与皮质下的激活水平有关。

2. 神经系统兴奋与抑制过程的均衡性

神经过程的均衡性系指皮质细胞兴奋与抑制过程的对比关系而言。其表现可归纳为四种情况：

①兴奋与抑制过程均处于强而集中的状态，达到动态平衡。表现为意识控制能力强，分化能力强，易建立阳性和阴性条件反射。

②在上述两过程中，如果一过程特别强，另一过程相对弱，则不平衡，过强的神经过程易发生扩散和后作用。如发生强烈的兴奋过程扩散和后作用，易出现失误、失常，反应虽快，但易出错，思维、情感、行为易失控；如发生强烈的抑制过程扩散和后作用，易出现"视而不见""听而不闻"的遗漏现象，注意力不易高度集中，工作能力起伏较大。

③两过程相对的弱而平衡，则表现为建立条件反射的速度慢，灵活性较差，但细心踏实，情绪稳定、有韧性。

④两过程相对的弱而不平衡，则表现为反应迟钝，条件反射建立较困难，灵活性差，心理稳定性较差。

3. 神经系统兴奋与抑制过程的灵活性

神经过程的灵活性系指兴奋与抑制过程相互转换的速度而言。神经过程的灵活性可以从三方面来评定：

①观察、测量个体分化抑制建立的速度，特别是消退抑制（改造实验）和条件抑制（冲突实验）建立的速度。即有的条件反射的建立是在原有反射的基础上发生的，需要消退原有反射的影响，建立新的反射活动；有的甚至是条件信号意义发生相反变化的改造实验；而有的条件反射是在与原有反射的冲突中建立一种更复杂、更困难的反射活动。

②观察、测量个体破坏原有巩固的定型及建立新的动力定型的速度。

③观察、测量个体对新环境的适应能力，对新异刺激、强刺激以及非常事件状态下（应激状态）的应变能力。

（二）巴浦洛夫的四种典型的神经类型

按照上述神经系统的三种基本特性的不同组合，巴甫洛夫划分出四种典型的神经类型：

①活泼型（灵活型）：表现为神经过程的强度强，平衡性好，灵活性高；

②兴奋型（不可抑制型）：表现为神经过程强，不平衡（兴奋占优势）；

③安静型（惰性型）：表现为神经过程较强，平衡性好，灵活性较差；

④弱型（抑制型）：表现为神经过程弱，不平衡（抑制占优势），灵活性差。

巴甫洛夫曾经把神经类型与传统的气质类型看成是同一个东西，他在1927年发表的论著中认为："显然这些类型在人身上就是我们称之为气质的东西，气质是每个个别人的最一般的特征，是他的神经系统的最基本的特征，而这种最基本的特征就给每个个体所有的活动都打上了这样或那样的烙印。"但是，巴甫洛夫在1936年（逝世前）的著作中已经修正了他过去的观点。他提出神经类型特性是气质类型的生理基础，而气质是人的神经类型特征在心理活动中（包括感知、思维、情感、心理倾向及行为方式等）的外部表现。作为反映气质心理活动的动力性指标（包括心理活动的速度、强度、稳定性及灵活等），都是与神经系统的特性有密切联系的，只不过表现形式不同。神经系统特性是从单一的神经过程的动力性特征（兴奋与抑制过程的强度、平衡性、灵活性等）来反映个体的差别性。另外，气质可以通过一个人的行为举止（活动性）、情绪状态（情绪性）直接地表现出来，而神经类型则不能直接被观察和表现出来，必须通过间接的实验方法被测量出来。

由于长期受到传统的气质类型学说的影响和制约，人们在神经类型的划分上，始终跳不出四种类型划分法的圈子。实际上，根据神经系统的基本特性可以划分为远远不止四种类型，而是可以划分为10多种或20多种类型，乃至更多。

（三）人的神经类型研究的新进展

20世纪20年代初俄国开始有关神经类型的研究，到了20世纪50年代，东欧及日本一些国家也开展了这方面的研究。20世纪60年代初，苏联出现了以B.M.捷普洛夫（B.M.Tiepulov）和B.T.涅贝利岑（B.T.Nebalizin）为代表的新巴甫洛夫类型学派，他们强调从"特性"走向"类型"的方法论研究，主张采用不随意的非条件反射方法研究神经系统的基本特性，但他们的研究仅局限于实验室内。而乌拉尔学派的代表人物米尔林，重视神经系统特性与气质关系的研究，强调类型特性对人的行为的影响，而不重视特性本质的研究。

到了20世纪70年代，神经类型理论引起了欧美心理学家的浓厚兴趣，如雷格、卡特尔、艾森克都开展了有关类型的研究。笔者从20世纪70年代末开始了有关神经类型的研究，20世纪80年代初，自行设计和编制出了"80-8神经类型量表法"，并对全国27个省、自治区和直辖市布点抽样，获得10多万人的测验数据，制定出国人7～22岁大、中、小学生大脑机能发育水平的参数值和神经类型判别标准常模，并在国内外首次将人的神经类型划分为16种类型。大量的实验资料和应用实践证明，"80-8量表法"优于国内外同类性质的量表法，它的优越性在于能最大限度地消除主观因素、文化知识和经验的影响，较客观地揭示人的某些素质特征，以科学的定量实验法代替了一般的问卷法。

二十多年来，"80-8神经类型量表法"已在全国数千个单位和部门推广应用，并在运动员的科学选才、航空航天人员的甄选、超常少儿的选拔、公务员的招聘、汽车驾驶员的选拔、消防队员的选拔，以及普通学生的分班、因材施教、升学指导等应用性研究方面，取得了非常显著的社会效益。

第二节 个性的形成与发展

一、个性的概述

（一）个性的概念与结构

所谓个性是指个体在生物因素的基础上，经由社会环境的影响和自身实践活动的累积而形成的独特的、稳固的心理系统；也是个体在认知、情感、意志及行为方式上所表现出的较稳定的心理特征；是一个人的最基本的精神面貌。

人与人之间由于先天的素质不同，即遗传所获得的解剖结构和生理机能的差异，又因后天的环境（社会环境、自然环境）影响不同，以及各自实践活动的多样性、多变性，使得每个人的心理系统都带有各自的特点和风格。

个性作为个体对客观现实进行反映的心理系统，具有多层次、多水平的复杂结构。由于不同的学者研究的侧面不同、层次不同、对象不同和方法不同，所以，给个性下的定义就大不相同。据粗略统计，有关个性的定义不下50余种。科学的个性心理观是以马克思主义关于人的本质的学说为指导的，马克思指出："特殊的人格的本质不是人的胡子、血液、抽象的肉体的本性，而是人的社会特质。"但是马克思在强调个性受社会历史条件制约的时候，也没有忽视个性的自然特性，因而也没有把人的个性不正确地归结为"社会关系的总和"。在马克思看来，人既是社会存在物，又是一个特定的自然存在物，人的个性表现出人的社会性与自然性辩证统一的关系。根据马克思关于人的本质的学说，我们认为，所谓个性是指人的生物性与社会性的结合，个性最突出的特点就是它的个别性、独特性和差异性。个性是在一定历史条件下的具体个人所具有的无意识倾向性、意识倾向性，以及经常出现的比较稳定的心理特征的总和。

根据上述个性的定义可以看出，人的个性始于生物心理水平（低层次），表现于自我意识活动过程和个性心理特征之中，终于社会意识倾向目标（高层次）。生物心理特点主要受生物因素的制约和调节，它通过人类所具有的本能的反射活动来适应，并达到与周围环境的平衡。个性心理特征（中间层次）受着社会因素和生物因素的双重影响，也就是说，人的气质、性格、能力的形成和发展，既有生物遗传的基础，同时，也有后天环境的教育、训练所施加的影响。自我意识倾向性（较高层次），系指对自己的思维、情感、意志等心理活动的意识，如自我知觉、自我评价、自我体验、自我监督、自我控制、自我调节、自我观念、自尊心、自信心、自豪感等。自我意识的发展是个体在社会化的过程中不断形成和发展起来的，自我意识的成熟，标志着个性的形成和心理上的成熟。个性的社会意识的倾向性（高层次），几乎很少受到生物因素的直接影响，它的形成取决于社会生活条件和受教育的条件，通过对社会需要的正确反映，将之转化为一定的个体的自觉的需要，从而产生获得成就动机，并为之实现自己的信念、理想，达到预定的目标而奋斗，直到目的得以实现，需要得到满足。个性的社会意识倾向性是个性结构中最重要、最核心的部分，它对人个性的形成与发展起着调节和推动的作用。

（二）个性的基本特征

个性具有社会性、整体性、独特性、稳定性等基本特征。

1. 社会性

个性是人性的特殊表现。关于人的本性问题，从古至今都存在着争论，例如，孟子曰："人之初，性本善。"而荀子曰："人之初，性本恶。"西方同样存在这种争论，如国际上很有名望的心理学家、精神分析学派的创始人弗洛伊德认为："人天生是自私自利的，本性不良，一切行为旨在追求满足生物本能的快乐。"人本主义心理学创始人罗斯杰则认为："人有先天遗传的美德，例如，人的同情、友爱利他均系人类生物学的本能。"

个性实质上是一种社会历史的现象，一个人如果离开了他人，离开了社会，个性便丧失了存在的基础。例如，一个人的态度、兴趣、意志、理想、信念等个性特征，都是受社会的影响和作用而形成的。一个人个性的形成虽然以自然素质为前提，但是家庭、学校、社会环境的影响和教育却起着决定性的作用。所以，不同的社会制度、不同的家庭、不同的教育内涵和方式，将造就出不同个性的人。

2. 整体性

个性是具有个人特点的完整的心理系统。人在认识世界、适应世界和改造世界的过程中，是以人的整体行为活动来反应的，即个性的所有成分都在同时起作用，而且彼此之间是有机地联系在一起的。事实上，个性的任何成分也只有在个性整体系统中才具有其特定的意义。例如，一个人在完成某项工作任务时，不仅可以表现出思维的快慢、能力的强弱、处事果断或谨慎、性情急躁或冷静，同时也可表现出他的成就动机、工作态度及整个精神面貌。由此可知，在一个具体的、活生生的人的身上，任何孤立的个性成分都是不存在的。

3. 独特性

个性是指一个人区别于他人的心理特征的总和，这些特征无论从结构和内容来说，都是独特的、与众不同的。世界上找不出完全相同的两片叶子，也找不出完全相同的两个人。比如在曹雪芹著的《红楼梦》中，林黛玉多愁善感，薛宝钗端庄大方，史湘云热情豪爽，贾探春机智能干……每个女性都有自己鲜明的个性特征。当然，个性的独特性并不排斥人与人之间个性的共同性，也就是说，每个人的个性既包含着许多与众不同的心理倾向和心理特征，同时也包含着许多与众相同的心理倾向和心理特征。所以，个性与共同性的关系是辩证统一的，共性存在于个性之中，而个性又是共性中某个方面的特殊表现形式。

4.稳定性

一个人的举止言行、思维与行为方式、社会态度、气质、性格、能力等心理特征不是一时的特征，而是稳固的特征。例如，有的人热情正直、诚恳待人、富于同情心；有的人则冷淡虚伪、奸狡心狠；有的人办事认真负责、细心踏实；有的人马虎从事、粗枝大叶；有的人谦虚待人、严以律己；有的人傲慢虚荣、专横跋扈；有的人性格豪放、粗犷；有的人恬静、温顺；有的人办事果断、勇于负责；有的人优柔寡断、谨小慎微；有的人喜欢多变的环境和快节奏的工作方式；有的人则喜于安静的环境和慢节奏的工作方式；等等。俗话说"江山易改，本性难移"，就是指人的个性而言。

个性的稳固性也具有相对性，在特定的条件（特别强烈的刺激或特定环境的长期作用）下，个性是可以改变的，这就是个性的可塑性。如社会生活条件发生重大变革，以及由于身体机能发生重大变化（机能老化、内分泌失调）都可以引起个性的变化。可以这样说，个性的稳固性为我们了解人们的个性提供了可能性，而个性的可塑性又使人们培养发展青少年和儿童的良好个性成为可能。当然，年龄越小，其个性发展的可塑性越大。

（三）影响个性形成与发展的主要因素

个性是一种结构复杂、多层次的综合心理现象，究竟哪些因素对人个性的形成与发展起主要的作用，这是心理学界一直在探索与争论的问题。对于这个问题的回答，虽然有各种不同的观点，但归纳起来大致有三种。

第一种是个性的遗传决定论。这种观点认为，在人的个性形成、发展过程中起决定作用的是人的遗传素质，这些素质在胚胎里就已经具有了，是受遗传基因所决定的。英国心理学家弗朗西斯·高尔顿（Francis Galton）是遗传决定论的创始人，他用家谱调查方法，先选出包括政治家、法官、文学家、艺术家在内的977个著名人物，调查他们的亲属，发现在他们的父子兄弟中有332人具有名望。然后，再选出997个一般普通人作为对照，调查他们的亲属，发现只有1人具有名望。据此，高尔顿认为，如同一切有机体的形态组织和机能特征受遗传的决定一样，一个人的能力主要由遗传获得。美国心理学家格兰维尔·斯坦利·霍尔（Granville Stanley Hall）曾有一句名言："一两遗传，胜过一吨教育。"由此可看出，遗传决定论者片面夸大遗传的作用，而从根本上忽视了环境对个性形成与发展的作用，这样就在人的个性发展问题上陷入了宿命论的泥坑。

第二种是个性的环境决定论。这种观点片面地强调了社会环境对个性发展的作用，否定了人的生物属性和个性发展的内部规律，把个性发展完全归结为人对社会环境简单的适应和直接作用的结果。在此，人只被看作是被动接受环境影响和作用的对象。美国心理学家、行为主义创始人约翰·布罗德斯·华生（John Broadus Watson）曾说过："给我一打健全的婴儿和可以培养他们的特殊世界，我可以保证随机选出任何一个……都可以把他们训练成为我所选定的任何类型的特殊人物，如医生、律师、艺术家、大商人，甚至乞丐、小偷。"由于环境决定论过分夸大了社会因素对个性发展的作用，忽视了人的个性对环境的能动性和反馈作用，所以最后陷入了机械社会观的泥坑。

第三种是个性的遗传和环境共同决定论。这是对前两种极端的观点的混合和折中。持这种观点的主要代表人物是美国心理学家雷蒙德·伯纳德·卡特尔（Raymond Bernard Cattell），他认为人的个性既受生物因素所制约，也受社会因素所制约，二者共同决定个性。他还认为，关键在于确定这两种因素在个性形成过程中各自的比重，他估计在个性的智力特质中大约4/5取决于遗传，1/5取决于环境。德国心理学家斯腾把个性看成是遗传原子与环境原子的辐合。个性的"二因素"论并没有揭示个性的实质，它只是简单地将生物因素和社会因素拼凑在个性之中，否认了生物因素和社会因素在个性的形成与发展中的辩证统一关系。实际上在个性的形成与发展过程中，遗传与环境二者之间的作用是很难分开的，可以说，是你中有我、我中有你，相互依存、相互影响，相互制约、相互作用的关系。

当然，遗传因素与环境因素对个性的作用，虽说不能机械地划分，但并不是没有主次的，而是要分析。在个性形成与发展的不同阶段和个性的不同层次结构，两种因素各自所起的作用是大不相同的，是有主次之分的。

科学的个性心理学是以马克思主义关于人的本质学说为指导的，其结论是：生物因素是影响个性形成与发展的物质基础，社会环境是个性形成与发展的重要条件，实践活动决定个性形成与发展的方向和水平。这就是马克思主义的个性心理学观。

二、个性发展的动力

个性心理倾向是构成一个人的心理和行为的动力系统，也称为个性的动力结构。个性的动力结构决定着一个人态度的选择性与积极性的发挥。动力结构是个性结构中的最高层次，它集中地表现了个性的社会本质，对个性的形成与发展起着调节和推动作用。个性的动力结构主要包括一个人的需要、动机、兴趣、信念、理想和世界观等心理成分。

（一）需要

需要是个体对生理和社会的需求在人脑的反映，它是一个人产生定向心理活动和行为的基本动力。人降世于人间，求生存是人最基本的需要，但是作为一个具有高级意识的人来说，他不仅是为了个人的生存而活着，而是要通过自身的劳动和实践活动，充分体现人生的社会价值。因此，人除了最基本的物质需要之外，还有多种多样的高级的精神需要。

1.需要的分类

按需要的起源可分为自然需要和文化需要。

自然需要起源于种系的生物需要，有机体为了维持正常的生命活动，必须满足体内的各种生理需要，包括吃、喝、运动、睡眠等需要。

文化需要起源于社会生活中人所特有的高级需要，包括学习、求知、艺术欣赏和社会道德等的需要。

按需要对象的性质可分为物质需要和精神需要。

物质需要既包括自然需要，也包括文化需要，物质需要是人的活动对物质文明产品的依赖性，如衣食住行、日常生活用品，以及对工具的需要等。

精神需要是表现个人意识对社会意识的依赖性的一种心理状态，人对意识产品和精神文化产品的需要是多种多样的。例如，学习的需要，这是人学习科学知识，探索自然规律和社会规律的内部动力；对美的需要，使人努力去美化自己的生活；追求社会价值和尊重的需要，使人在交往中不断地调节自己的行为以符合社会规范；等等。

2.需要的理论学说

（1）马斯洛的"需要层次"理论

关于需要的理论问题，近些年来，西方和我国的学者受美国心理学家马斯洛的"需要层次"理论影响较大。马斯洛"需要层次"理论把人的需要分为五个层次：第一个层次是生理需要；第二个层次是安全需要；第三个层次是归属和爱的需要，如结识朋友、友谊与爱情的需要；第四个层次是尊重的需要，如对名誉、地位、威信和社会评价等需要；第五个层次是自我实现的需要，如对充分发挥自己的聪明才智、实现理想、获得成就的需要。马斯洛认为，人的需要是由低级向高级逐级实现的，高一级的需要是在低一级的需要得到满足的基础上才有可能出现的。如果低级的需要得不到满足，高级需要就不可能产生。因此，作为最高层次的自我实现需要是要在一切层次的需要得到满足的基础上才可能实现的。

应该指出，马斯洛的需要层次理论是有其合理的成分的，他阐明了需要的基本结构和需要的一般发展规律。但是，他的理论有许多消极的东西和不足之处。首先，他提出的关于人的需要必须按阶梯式逐级实现的观点是一种机械的主义论。其次，他否定了人的主观能动性，没有看到高层级的需要，即人的理想、信念、世界观对需要的重要调节作用。实际上，历史上无数先进人物、革命英雄为了坚持真理，伸张正义，宁可不顾个人的安危也要实现更高层级的需要。如革命烈士夏明翰在赴刑场时高呼："砍头不要紧，只要主义真！"这就充分说明，人的高层级的需要对低层级的需要具有抑制和调节的作用。另外，马斯洛认为，人的需要是个人先天潜能或内在价值的显露，他把人的需要的实现与发展完全看作是一种生物的过程，否定了人的需要的社会性实质。实际上，人的需要的发展最终并不取决于人的原有需要的满足，而是社会历史发展的结果。因为，只有当生产力达到某种水平，并且有可能满足人的需要时，新的需要才会产生。社会不仅制约着人们的各种不同的需要的形成与发展，而且也制约着这些需要的内容及其满足方式。马克思说过："我们的需要和享受是由社会产生的。"纵观历史，人类的需要（包括物质需要和精神需要）不断发展，归根结底是社会历史发展的结果。

（2）奥尔德弗的"需要（ERG）"理论

美国心理学家克雷顿·奥尔德弗（Clayton Alderfer）认为人的需要可划分为

三种，即生存需要、关系需要和成长需要，取每一种需要的第一个英文字母，简称为"需要ERG"理论。其中生存需要相当于马斯洛提出的生理需要和安全需要；关系需要相当于马斯洛提出的人际交往需要；成长需要相当于马斯洛提出的尊重需要和自我实现需要。

奥尔德弗的需要理论与马斯洛的需要理论不同之处在于：① "需要ERG"理论的三种需要之间没有明显的界线，它们是一个连续体而不是层次等级关系；②人类需要可以越级上升；③在同一时期内，人可以接受一种或多种需要，也可以接受一级或多级需要的作用，这些需要可以是出自本能的，但多数是后天形成的，是经过学习而获得的。

（3）赫茨伯格的"需要双因"理论

美国心理学家弗雷德里克·赫茨伯格（Frederick Herzberg）根据不同需要的满足对人的情感效应不同，把需要分为两大类。

第一类需要（称为"保健因素"）。这类需要主要与个体的物质利益关系较密切，对这类需要若不满足，会引起人们的不满情绪，但若满足了也只能避免不满意。赫茨伯格把能够满足第一类需要的种种条件、环境因素归纳为以下七项：①有关政策和制度；②技术监督；③人际关系；④工资待遇；⑤职务保障；⑥个人生活；⑦工作条件。这些因素欠缺，势必引起不满，这些因素妥善解决，可防止不满；但仅仅只能防止不满，还无法令人真正感到满意。就如医疗保健一样，仅能防病，不能治病，因此他把这些因素称为"保健因素"。

第二类因素（称为"激励素"）。第二类需要主要与个体的精神需要关系较密切，对这类需要，若不能满足，人们仅仅是没有满意，但若满足了，则可非常令人满意，并产生积极的效果。赫茨伯格把能够满足第二类需要的种种条件、环境因素归纳为以下六项：①取得成就；②取得赏识；③工作本身具有挑战性和吸引力；④负有重大责任；⑤个人得到发展；⑥晋级与提升。这些因素欠缺，对人们的情感不会造成巨大影响。但若这些因素合理解决，则令人心情舒畅，充分调动人的积极性和主动性，因此他把这些因素称为"激励因素"。保健因素和激励因素不是静止不变的，而是在一定条件下可以互相转化的。赫茨伯格的"需要双因"理论，在企业人事管理及如何调动、激发员工的积极性方面具有重要的指导作用。

（二）动机

动机是推动人进行活动的内部原因，起着心理动力的作用。动机的产生取决于两个因素：一是需要，二是刺激。动机是在需要的基础上受到刺激的作用，从而激发并产生的。因此，离开了需要的动机是不存在的，同样，没有刺激的作用也是不可能激发产生动机的。例如，一个非常饥渴的人，会克服重重困难去寻找食物和水源，而一个酒足饭饱的人，决不会为寻找食物去奔波；一个满足于现状的人，不可能去迎接新的挑战，勇于攀登新的高峰，也不可能产生较高的动机水平。由此可知，动机是在一定条件下的表现形式。

1.动机的分类

可以这样说，人的一切有意识、有目的的行为活动都与动机相联系，没有足够强度的动机激发就不可能产生行动。所以，人的动机是多种多样的，而且是极其丰富和复杂的。根据动机的起源可分为自然动机和社会动机两大类。

自然动机也称为生活动机，自然动机是以人的自然需要为基础。人体自身为了维持正常的生命活动的需要，通过自我调节（体内产生的各种刺激源）使人体与内外环境之间保持一种动态平衡。例如，饥饿、干渴等刺激构成最基本的生理需要，并产生强烈的内驱力（动机），激励与发动一定的行为活动，使某种需要得到实现和满足。机体的这种旨在恢复、调节生理平衡的功能有两种表现形式：一种是在有意识状态下的自主调节，即在意识状态的引导下，经由随意动作完成的调节；另一种是非自主调节，它是在无意识状态下自动进行的调节，即我们没有意识到这种调节的存在，但是它却无时无刻不在进行，如人体内的呼吸、循环、物质代谢和内分泌等。

社会动机是以人的社会需要为基础。人为了生活得更好、更充实、更有意义，使人生的价值和人的社会价值得到完美的体现，渴望获得科学知识、探索真理、获得成就，并为实现自己的理想和信念而奋斗。如成就动机产生于尊重的需要，理想和抱负的需要（自我实现的需要），这种动机普遍地存在于学习、工作、劳动、体育运动等一切具有社会意义的活动之中。一个人在完成任务时会产生两种不同的动机趋向：一种是力图获得最高成绩，对任务高度的认真负责，尽量做到尽善尽美；另一种是只求完成任务，过得去就可以了。前一种动机使活动产生高度的主动性、创造性和顽强性，后一种动机会使人降低主动性和创造性，甚至知难而退。另外，成就动机与一个人的抱负水平有关，有的人胸无大志，抱负水平低；有的人胸怀大志，有很高的抱负水平。由于动机形成的动因不同，可将动机分为两种。第一种动机是以个体内在动因为动力，具有个体自身倾向性特征。据研究，西方人第一种动机水平比东方人高，西方家庭教化的方法，是让小孩独立去完成各种事情，自定目标，成败如何，自我总结，自我反省，养成自信、自立，以我为中心，形成独立的性格和个性，形成高水平的自身成就动机。第二种动机是在外界因素的影响下（外力作用下）形成的动机，具有社会倾向性特征。这类动机水平东方人比西方人高，小孩从小要按照家长、老师的指令行事，参加工作后要服从单位领导的指示行事，依据别人提出的任务、标准、评价去做。

2. 动机的培养与动机的激励

古人云，"人小志高""志大不在年高"。研究证明，人的成就动机是从幼儿期开始形成的，成就动机的培养必须具备以下三个条件：

第一，从事活动的人必须承担一定的任务，培养其责任感和自信心，一个人的抱负水平是以自我评价为基础的；

第二，必须有数量和质量的指标，即达到目标的高标准；

第三，要对完成任务的情况进行严格的社会监督与检查，并实行相应的赏罚制度。

只要具备和满足上述三个条件，就比较容易形成高水平的动机，如体育运动（成为体育明星）、文艺活动（成为歌星、影星）、科研活动（成为科学家）比其他的活动更易形成高水平的成就动机。因为，体育、文艺、科研活动是置于社会的公开监督之下，较为平等的竞争机制，更能激发一个人的动机水平。

动机的激励有利于调动人的积极性，提高活动效率，因此在学校教育、人才管理中，动机的激励受到人们的高度重视。激励的方式多种多样，归纳起来主要有以下几种。

（1）目标激励

确定正确的而具有吸引力的目标，通过分析主客观条件，经过主观努力可以实现这一目标，以结果作为"诱因"，能激发人的动机，调动人的积极性。目标实现的可能性越大，对满足个人需要的价值越大，对社会所作的贡献越大，则此目标就越能鼓舞人心，被激发的动机水平越高。

（2）责任激励

通过承担一定的任务，并负有相应的责任，满足于自尊、自信和成就感，可激发高水平的动机。例如，一个人如果被领导、老师、同学、同事委任相当于或略大于自己能力的某种工作，并负有相当的责任，就会觉得受到信任和重用，体验到自身的社会价值和作用，从而激发自己的工作热情，鞭策自己去努力履行职责；反之，一个人如果没有责任的激励或认识不到自己应负的责任，就会放松对自己的要求，对自己采取自由主义或"事不关己，高高挂起"的消极表现行为。

（3）奖惩激励

奖惩激励是对一个人的行为和工作成绩给予肯定和奖励，使之发扬光大，更上一层楼，而对违背社会道德规范和失职的行为给予严厉的批评和惩罚，使之行为受到抑制和消退。奖励有多种形式，有物质奖励，如颁发各类奖金、奖品等；有精神奖励，如口头表彰嘉奖、颁发嘉奖令和证书、评选先进、展出成果等。惩罚也有多种形式，如批评、行政处分、经济制裁、法律制裁等。奖励用于激发人的积极行为，调动人的积极性和创造力，它是一种激发人奋进的积极动机。惩罚则用于遏制消极行为的动机。要想达到奖惩的明显效果，必须要制定严格的标准、可行的奖惩制度和法规。与此同时，还要实行公开化、民主化的程序。奖惩分明，二者同时并用方能收到良好的效果。

（4）榜样激励

榜样的力量是无穷的，榜样使人学有方向、赶有目标，能起到激发人的积极动机的作用。但是，榜样必须具有时代性、真实性、群众性和权威性。先进人物是在火热的生活、劳动、工作中自然形成的，他以自己崇高的思想境界、无私的奉献精神、卓越的工作实绩和感人肺腑的行为，渲染和影响着人们，使人们倍感亲切，乐意接受。

（5）关怀激励

领导对下级的关怀体贴、平易近人，以及深入了解下级的工作实绩，同学、同事、朋友之间的相互关心和体谅，都能给人带来温暖和力量，激发起工作的主动性和热情。一个单位、一个部门如果上上下下各方面人员之间，都能相互关心体谅、真诚相待，不仅能推动工作、提高效率，而且有利于人们的身心健康。

（6）投险激励

这是指通过把人置于危险境地而促使其奋力拼搏，激发出人体的内在潜力，使之转危为安，转败为胜，最终取得成功之壮举。古语说的"破釜沉舟""背水一战"的含意就是切断退路、殊死奋战，在此种情境下，不战就会自取灭亡，从而激发起人们血战到底的决心和勇气，结果克敌制胜。在现代运动训练和管理训练中，采用应激训练法提高人的运动能力和智能潜力就是投险激励的生动事例。

（三）兴趣

兴趣是指一个人积极探索某种事物和爱好某种活动的心理倾向。兴趣在人的心理活动中有重要的作用，兴趣与人的认知、情感、意志有着密切的联系。一个人如对某种事物感兴趣，便会对它产生特别的注意力，对该事物感知敏锐、思维活跃、记忆牢固、情感深切、意志坚强。所以，兴趣具有探究性、情感性、专注性等特征。兴趣是需要的一种表现形式，只要是人感兴趣的事物必然直接或间接地符合人们的需要。兴趣得到满足，会使人产生积极、肯定的情感。兴趣可使人的生活充满热情和情趣，使人增长求知的欲望和培养其锲而不舍的探索精神。古今中外，许多杰出的科学家的创造、发明和智慧的结晶都是从兴趣开始的。所以，兴趣对人们所进行的特定的行为活动（感兴趣的活动）具有动力性作用。

兴趣是爱好的前提，爱好是兴趣的进一步发展。例如，对体育有兴趣的人，不一定从事体育事业，然而爱好体育事业的人，则必然对体育感兴趣。兴趣具有很大的动机成分，兴趣的满足就成了人们活动的动力。爱因斯坦曾说："兴趣是最好的老师。"孔子也说过："知之者，不如好之者。好之者，不如乐之者。"这都说明兴趣在推动人自觉、积极、主动地去学习、工作和进行创造劳动方面起着重大作用。

教育工作者要引导学生，积极培养他们的兴趣，使他们爱好广泛，以丰富他们的科学知识和精神生活，教育他们不要一切只从个人兴趣出发，要将个人的兴趣与祖国和人民的需要、与社会的需要结合起来，用自己聪慧的头脑和勤劳的双手，去创造绚丽多彩、充满情趣的生活。

（四）理想

理想是对未来有可能实现的奋斗目标的向往和追求。人生的理想结构由职业理想、政治理想与道德理想组成。职业理想是自己将来从事哪方面工作；政治理想是为实现什么样的政治目标而奋斗；道德理想是成为一个具有什么样道德品质的人。这三种理想是彼此密切联系在一起的。

理想在人的生活中起的作用是巨大的。一个有崇高理想的人，生活、工作充满活力。理想可鼓舞人的斗志，催人奋进；可抑制自身违背实现目标的行为冲动。理想在加强自我修养、培养良好的个性品质方面起着积极的作用。

儿童、少年时期的理想是不稳定的，需加以正确的引导，而青年期的理想则充满浪漫主义色彩。由于青年人阅历不足，思想往往偏激，容易感情用事，不愿脚踏实地做平凡艰苦的工作，不善于分析具体的历史条件和现实的可能性，常常产生好高骛远、眼高手低的思想，容易从狂热转向消极。所以，对青年人进行理想前途教育时必须充分地考虑到这一特点。

理想具有鲜明的时代性。理想作为一种个性倾向，不是生来就有的，而是社会存在的反映，是在一定社会实践活动中产生并不断实现的。因此，不同的时代、不同的阶级有不同的世界观、人生观，也就有不同的理想。从中国近代史来看，康、梁发动的戊戌变法、孙中山的旧民主主义革命、共产党人领导下的新民主主义革命，无数的青年志士抛头颅、洒热血，前赴后继，为实现崇高的理想献出自己的青春年华和宝贵的生命。而当代的青年只有确立符合人民利益、适应时代发展进程的远大理想，才能在事业上有所建树，对人类作出较大的贡献。

（五）信念

信念是个性心理结构中比较高级的倾向特征，它表现在一个人对他所获得的知识的真实性坚信不疑。如坚信马列主义，毛泽东思想的理论、观点和方法。信念具有普遍的指导意义，它是我们认识世界和改造世界的科学理论，并坚信自己所从事的事业是崇高的，决心为之而奋斗终身。

信念是人的行为的重要动机，它和人的理想紧密地联系在一起；理想总是以一定的信念为基础，同时理想又促进信念的形成。信念是强大的精神支柱，它可以使人产生克服艰难险阻的决心和勇气，它在人的生活旅途中起着巨大的推动作用。如一个人为了追求真理，死而无怨；为了追求真理，百折不挠。当一个人将自己确信的观点、原则和理论当作活着的动力时，信念才会被确立起来。一个人的信念形成和确立后，他总是以信念为出发点去观察周围的事物，并以实际行动去捍卫自己的观点和事业，并力求实现它。

信念一旦确立后就具有较大的稳定性、偏倾性和亲和性。信念的偏倾性是比较难改变的，由于信念是主体认为正确无疑并坚信的观点和理论，而其在客观上不一定是正确的，因而表现出极大的偏倾性。信念还会使一个人对与自己信念相近的观点或人产生极大的兴趣和热情，所谓志同道合就是信念的亲和性表现。

信念在人的个性中具有重要意义，它使人的个性稳定而明确，使个性具有积极性、主动性、创造性和自我牺牲精神。

（六）世界观

世界观是人们对整个世界、整个宇宙的总的看法和根本观点。世界观是指一个人的信念、理想的概括体系，表明一个人的根本立场、观点和理论，它是在信念、理想的基础上通过人的实践活动而形成的。世界观从根本上规定了一个人的整个心理面貌。

人的世界观根据其对具体对象的基本看法和态度，通常可分为三个方面：自然观、社会观和人生观。世界观是一个人心理活动的最高层次，是一个人对现实生活、学习、工作和人际交往等各方面的基本态度，是个性倾向的集中表现。世界观是个人行为举止的最高调节器，它对于确定一个人的行为方向及在社会中的地位和作用是极为重要的，在科学世界观的调节下，可以提高个性的积极性和创造性，使一个人获得更多的知识，生活得更充实，为人类和社会作出更大的贡献，使人生的价值得到充分的体现。

三、个性心理特征

个性特征是指一个人在气质、能力和性格等心理方面的特征的总和。这些特征影响着个体的举止言行，反映出一个人的基本精神面貌和行为特点，集中地体现了人的心理活动的独特性。

（一）气质

1.气质的概念

心理学中的气质概念的内涵较窄，是指人心理活动的动力方面的特征，也是人的最稳固、最典型的个性心理特征。所谓心理活动的动力性特征，主要是指心理活动的强度（如皮质工作能力强弱、情绪的强弱、意志的强弱和行为活动的强弱等）、速度（如知觉与思维的速度、心理活动的速率、节奏和动作反应速度等）、稳定性（如注意力集中的久暂；心理活动是倾向于外物，还是倾向于自身内部体验；等等）及行为方式。这些特征使个体在全然不同的环境或活动中，显示出同样的风格和色彩。气质不依赖于活动的内容、动机和目的，而是顽强地、无意识地表现出它的天赋特性和遗传的"痕迹"。

一个人的行为举止、风格及表达方式可集中地体现出气质的特征。如怎样与人交往、怎样表达自己的情感、怎样工作与休息、怎样对事物作出反应等。气质是每个人的独特的个性心理特征，它是人的神经系统的动力特征与心理活动的动力特征的有机结合。气质在很大程度上受先天遗传因素的影响和制约，当然，这并不意味着气质就是一成不变的，只能说明气质是较稳固的个性特征，在一般情况下是不容易发生改变的。但是，当人体内部机能（特别是神经系统）和外部环境发生重大变化时，气质也会在一定程度上发生变化，不过这种变化比起个性的其他成分如性格、能力等的变化要困难得多。

2.气质类型的成因和表现

关于气质类型成因的探讨，早在公元前5世纪，古希腊哲学家、医生希波克拉底就已提出，人的不同生理心理状态、行为是由人体内部的不同体液的比例关系决定的，从而提出了气质理论学说。他认为，在体液的混合比例中，血液占优势的称为多血质；黄胆汁占优势的称为胆汁质；黏液占优势的称为黏液质；黑胆汁占优势的称为抑郁质。他将人的心理活动（精神现象）和行为表现归结为是由人体内部的物质所决定的。从现代科学的观点来看，希波克拉底对气质成因的解释是缺乏科学根据的，但对他提出的气质类型的划分和各种类型的定性描述，仍被沿用至今。

后来，特别是近百年来，许多学者试图揭开气质本质的奥秘，他们从人的情感与运动的表现、解剖形态、血型物质、内分泌激素等不同的角度进行研究，提出了多种学说，但都未能正确地阐明气质的本质。并且，至今也未真正解决气质的具体测评方法问题。

到20世纪二三十年代，俄国神经生理学家巴甫洛夫创立了神经系统类型学说，为气质类型的研究提供了自然科学的基础，对气质的实质给予了一定的科学解释。

四种典型的气质类型的表现：

①多血质：多血质的人，活泼好动、反应迅速、精力充沛、兴趣易变换、注意易转移、情感产生较快但不持久、举止敏捷、表情生动、喜欢交往、注重效率，一般具有外倾性。

②胆汁质：胆汁质的人，直率热情、行为果断、精力旺盛、情绪易冲动、心理变化激烈、行动迅速有力、语言爽快明确、富于表情，一般具有外倾性。

③黏液质：黏液质的人，安静稳重、反应较慢、情绪稳定、注意力集中、应变能力较差、善于忍耐、言语不多、喜欢较稳定的环境，一般具有内倾性。

④抑郁质：抑郁质的人，敏感孤僻、沉默寡言、行动迟缓、情感体验深刻、持久而不强烈、观察细致、谨小慎微，一般具有内倾性。

在实际生活中，具有典型气质的人是少数，多数人为具有两种或两种以上气质的混合型。

3.气质在实践中的意义和作用

气质作为人的心理活动的动力性特征，它赋予人的心理活动和行为以独特的色彩，但它不能决定一个人活动的社会价值和成就的高低。一个健康人在某种意义上来讲，气质类型并无好坏之分，任何一种气质都可能在某一种情况下具有积极的意义，而在另一种情况下可能就有消极意义，即气质具有两极性特征。例如，多血质的人思维敏捷、情感丰富、交往能力强、容易适应新的环境等，但注意的稳定性较差、兴奋易转移、学习和工作易虎头蛇尾、缺乏恒心和毅力；胆汁质的人精力充沛、行事果断、态度直率、能以极大的热情投入工作，但性情急躁、容易冲动、情绪变化无常；黏液质的人思维富于条理、行事沉着冷静、情绪稳定、具有较强的自制力，但惰性较大、应变能力较差、对人对事较冷漠；抑郁质的人动作反应慢、承受强刺激能力差、不善与人交往，但行事审慎、观察敏锐、责任心强。所以，具有不同气质的人只要通过主观的努力，都能在各自的事业中取得重大的成就。据资料介绍，俄国的四位著名的作家就是四种典型的气质类型：诗人普希金属于胆汁质；小说家赫尔岑属于多血质；寓言家克雷洛夫属于黏液质；俄国著名喜剧家果戈理属于抑郁质。虽然四个人的气质类型各不相同，但他们都同样在事业中取得了杰出的成就。

气质类型的测评主要在人才甄选、职业选择和自身修养等方面为社会提供心理咨询，通过测评能帮助用人单位和个人较客观地了解其个性特点，做到用人之所长，充分调动人的积极性，发挥个人的聪明才智，使人生的社会价值得到最合理的体现。

笔者经过多年的研究，采用笔迹测量分析法，将人的气质划分为10种类型，并在实际应用中收到良好的效果。

（二）能力（智慧、智力的外显特征）

智慧是什么？这是一个极为抽象而又难以回答的问题，但随着科学心理学的发展，用现代的观点来定义，所谓智慧是人脑的高级功能，即人的大脑所赋予的复杂的智力活动。虽然我们在现实生活中难以捕捉到实体形式的智慧（智力），但是却无处不从人类的思维、创造，以及社会实践活动中体会到它的存在。所谓智慧（智力）是一种潜在的尚未表现出来的心理能力，它需要通过科学手段和测量工具，间接地被测量出来，我们将这种被测量出来的能力称为一般能力或称为传统智力。而在现实生活中通过完成某种具体的活动已经表现出的智慧（智力活动），称为实际能力或实用智力。

智力是普通百姓和专家、学者都十分关心和感兴趣的问题，但是，智力也是最难理解的概念之一。直至今日，对智力的定义尚未得到多数学者的统一看法。曾经有人这样说过，在物理学上的一个概念，十个物理学家都认同同一个概念的理论、观点和提法；而在心理学上的一个概念（尤其是智力的概念），十个心理学家就有十种不同的定义。例如，归纳以前心理学专家对智力行为的研究及测量，他们对智力本质的看法定义如下：智力可以解释为①正确反应的能力；②抽象思维能力；③推理能力；④社会交往能力；⑤获得知识的能力；⑥调节自身适应环境变化的能力；⑦对复杂刺激的综合反应能力；⑧抑制直觉调适的能力；⑨获得能力的能力；⑩从经验中学习获利的能力；⑪领悟能力；⑫创新能力；等等。

而普通人对智力的看法比较容易达成共识，他们对智者常冠以聪明、智慧、机灵、深思熟虑、精力充沛、高效率、学业有成等。

笔者认为，所谓"智"，心智也，是指一个人的心计与谋略，即人脑的机能——心理活动，包含接受信息、加工信息、储存信息、提取信息和行动计划程序的编制过程及执行方式；所谓"力"，能力也，是人脑机能（心理能力）的外显行为表征，即在高级脑区的调控下，按照制定的程序与执行方式，实现与完成特定的行为活动。故智力与能力是实现人脑机能（智能活动）的同一个过程的不同环节，二者是密不可分的统一体。

1. 能力的概念

能力是指一个人能够顺利地、有效地完成某种活动的个性心理特征，是指人们完成某种活动的质量、效率及可能达到的水平。

能力包含多方面内容，即能力是一个多层次、多维度的复杂的心理系统，如能力可分为认知能力、操作能力、创造能力及社会适应能力等。认知能力是指学习、理解、分析、概括、推理的能力；操作能力是指动手能力、操纵制作能力和运动能力；创造能力是指独立地以新的模式、新的思维去掌握和运用知识、技能，并产生丰富的想象和联想，从而发现新的理论、形成新的技能、发明新的方法、获得新的成果；社会适应能力是指人际交往能力、对新环境的适应能力，以及自身与环境达到平衡的调节能力。人的能力是多方面的，各种能力彼此之间都是相互关联、相互影响、相互制约的，而且，各种能力表现在个体间的发展也是不平衡的。正如列宁指出的"期望社会主义的人们在力气和才能上平等是愚蠢的"。

2. 能力的结构

能力的心理结构是较复杂的，根据英国心理学家查尔斯·爱德华·斯皮尔曼（Charles Edward Spearman）在20世纪初提出的"二因素"理论，可将能力分为一般能力（一般因素）和特殊能力（特殊因素），人要顺利地完成某种活动，都需要有这两种因素参与，而一般因素在能力结构中是基础和关键。通常认为，一般能力是顺利地完成各种活动所必须具备的基本能力，它包括注意力、观察力、记忆力、思维力和想象力等，这些能力是在人的认识活动中表现出来的一般能力，通常称为一般智力。一般智力与遗传关系较为密切，故称为天赋智力。一般能力不是单一的能力，而是一种综合的整体结构，其中抽象思维能力是智力的核心。

特殊能力是顺利地完成某种特殊活动所具备的专门能力。如音乐的节奏感、韵律感和音调、音色及听觉的感受能力，都是构成音乐专门能力的基础和条件。如画家所具有的特别强的色调辨别能力，运动员所具有的精细、敏感度特别高的本体感觉能力，相声演员学说各地方言的能力，雕塑家的观察、形象思维和精巧的技艺能力，等等，都属于专门的特殊能力。

一般能力与特殊能力在活动中是辩证统一的关系。一般能力可在某种专业活动中得到发展，可成为特殊能力的组成部分或发展成为某种特殊能力；而特殊能力的发展，同时也会促进一般能力的发展。能力是在遗传的基础上逐渐形成、发展的，能力发展到一定阶段（能力成熟阶段），即多种能力的完备结合，表现出某种高水平的能力，称之为才能。如音乐才能、绘画才能、运动才能、艺术才能、数学才能、文学才能、管理才能等。如果才能在某一方面或某些方面得到高度而完善的发展，表现出卓越的、杰出的、超群的才能，一般称之为天才。

美国心理学家瑟斯顿在20世纪30年代提出"群因素论"，认为人的能力结构是由彼此相互独立的七种原始要素组成的，即计算、语词理解、语言流畅、空间知觉、记忆、知觉程度和推理。经过测试分析证明，实际上，这七种因素之间并非相互独立存在的，而是具有一定的正相关的关系，所以他的理论未被人接受。但是，瑟斯顿的"群因素论"对我们研究和探讨能力的结构组成是有启迪作用的。

美国心理学家吉尔福特在20世纪50年代提出能力的"三维结构模型"学说，认为人的能力（智力）是由操作、内容和成果三个维度组成的。操作的智力活动过程，包括知觉、记忆、发散思维、集中思维和评价五种；操作的智力活动内容，包括图形、符号、语义、行为四个因素；操作的智力活动成果，包括单元、类别、关系、体系、转换（把对一种事物的认识转变到对另一种事物上）和蕴含（理解隐喻）六种。所以，整个模型包括120种组合（5种操作×4种内容×6种成果），每一组合代表一种独特的智力因素。

美国心理学家卡特尔提出"智力结构"学说，认为智力包括两种普通因素：流体智力和固体智力。流体智力包含较多的知觉（认知能力）和操作技能，与遗传（天赋）因素关系较为密切，它像小溪流水一样，对人的智力长期起作用；固体智力则具有沉重的文化成分，与词汇、数学技能及知识经验关系密切，受后天环境（学习、训练、个体实践）的影响作用较大。不同的人可能具有不同的智力结构，即使对同一个人而言，流体智力和固体智力的发展也可能不平衡，二者所起的作用也可能在不同的年龄阶段有所不同。

近年来，美国心理学家罗伯特·J.斯腾伯格（Robert J.Sternbery）提出了人类智力的"三元"理论，"三元智力"理论就是试图以主体（自身）的内部世界、客体（环境）的外部世界，以及联系内外世界的主体的经验世界这三个维度来分析、描述智力，即智力的"情境亚理论""经验亚理论""成分亚理论"。

智力的"情境亚理论"阐明的是主体所处的社会文化环境决定智力行为的内涵，智力就是主体实现对主体有关的现实世界的环境有目的的适应、选择和改造的心理活动。通过这些心理活动，个体达到与环境的最佳适宜状态。斯腾伯格提出智力的"情境亚理论"，遵循的其实是一条非常简单的原理，即智力的实践性。智力测验应该去测量与现实世界紧密联系的现实性行为，而不应只局限于从书本到书本的学业知识。

智力的"经验亚理论"认为，经验可被视为一个连续体，一端是无经验，即处于完全新异的任务或情景；另一端是对任务或情景十分熟悉，加工已达到完全自动化。一个任务或情景究竟能在多大程度上测出智力，要看它与这两种技能的相关程度。"经验亚理论"就是企望说明个体对任务或情景的经验水平与他的智力行为之间的关系。根据"经验亚理论"，只有当一个任务或情景相对新异时，或者当一个任务或情景的操作处于自动化的进程中时，智力才能得到最好的测量。

智力的"成分亚理论"是"三元智力"理论中最早形成和最为完善的部分，它是对智力活动内部机制的刻画。斯腾伯格认为，成分是分析智力行为的基本单元，"成分是一种基本的信息加工过程，它是在物体或符号的内在表征的基础上进行操作"。这种过程可以把一个感觉输入转化为一个概念的表征，也可以把一个概念的表征转化为一个运动的输出信息。所谓成分包括智力的元成分、操作成分和知识获得成分。

综上所述，不论是"智力结构"理论，还是智力的"三元"理论的分析，可以说是仁者见仁，智者见智。但是有一点是共同的，二者都认为智力不是单一的机能，而是由许多因素综合而成的复杂结构的心理活动。

3. 能力与知识、技能的关系

能力与知识、技能既有一定的区别又有密切的联系。区别在于：第一，三者分别属于不同的概念范畴，知识是人脑中形成的经验系统，知识的内容可以通过某种学习方式为人所掌握，技能是个体通过操作、训练形成和巩固下来的自动化动作系统，能力是个体顺利地、有效地完成某种活动的个性心理特征；第二，三者的发展不同步，知识和技能的发展相对来说比较快，而且是无止境的，它随着学习的进程而不断增多，随着年龄的增长日益丰富，俗话说："活到老，学到老，学到老，学不了。"如果用曲线表示，它呈一条不断上升的曲线，而能力的发展则相对较慢，并具有阶段性变化特点和一定的限度。能力的形成和发展有上升阶段、稳定阶段、下降阶段、衰竭阶段。据研究，知觉能力发展较早，但也最先开始下降，其次是注意力，然后是思维能力。据笔者的研究资料表明，大脑机能能力（一般智力）发育呈现出年龄越小其增长速度越快，并随年龄的增长呈现出阶段性变化的规律。儿童少年期大脑机能发育呈现两次高峰期，第一次高峰期，男女均在7岁年龄阶段，其增长速度最快，随后逐渐减慢，到青春发育初期（女性在11~12岁，男性在12~13岁）大脑机能发育又明显加速，呈现第二次发育高峰。随后其增长速度又明显减慢，直到17岁左右稳定到一般成人水平。大约在35岁以后其大脑机能出现明显下降的趋势（详见《中国学生大脑机能发育水平的现状、特点和某些规律的研究》一文）。

能力与知识、技能又是相辅相成、紧密联系的。一方面，能力是掌握知识和技能的前提，能力水平的高低将直接影响人对知识、技能的学习进程和效果。例如，智力落后的儿童，掌握知识、技能的速度较慢、较困难，学习跟不上正常儿童；而智力超常儿童，思维敏捷、联想丰富、记忆和理解能力强，接受的信息量大。有研究资料表明，超常儿童一年内掌握的知识量为正常儿童的2~3倍。另一方面，知识和技能的掌握又为能力的发展准备了条件，能力的发展离不开知识和技能的学习。例如，我们只有掌握了一定的语法知识和写作技巧，才能提高写作能力；只有掌握了大量的数学定理、公式和运算技巧，才能提高解题能力；只有掌握了心理学的基本知识和测量技术，才能提高对各种心理现象的分析能力、处理问题的能力和管理能力。一般来说，知识和技能可以促进能力的发展，一个人掌握的知识和技能越多，越有利于能力的发展。如一个在音乐、绘画、体育和运算方面显露出能力的儿童，只有当他们能获得继续深造的机会，获得相应的知和技能时，他们在这方面的能力才会继续向高一级的阶段发展。

虽说知识、技能与能力之间有密切的关系，但知识、技能掌握的量的多少与能力的高低又不完全是同步的。如两个具有同等知识水平的人，不一定具有同等水平的能力；两个学习成绩相同的优秀生，一个学生可能智力超群而获得优异的学业成绩，另一个学生可能智力一般，主要靠刻苦勤奋和坚韧的意志力，取得优异的学业成绩，"勤能补拙，功能补天"。

4. 智力因素与非智力因素的关系

良好的学习成绩的取得必须具备正常的智力，一个智力正常的人为其本人的学习、工作、事业上取得成就提供了自然基础，为成才提供了一种可能性。但是有了正常的智力，甚至有了很高的智力水平，并不意味着就能取得良好的成绩，就能够成才和取得重大成就。这里还有一个非智力因素的问题，所谓非智力因素，从广义上讲，就是除智力因素以外的一切心理因素；从狭义上讲，所谓非智力因素主要包括动机、兴趣、理想、世界观、情感、意志和性格等因素。笔者的研究表明，学生的学习成绩与智力水平并不存在一致的相关关系。大多数学生在智力水平比较接近的情况下，学习成绩的好坏主要决定于非智力因素。通过对数千名大、中学生的调研，结果表明，许多差生，其智力水平并不差，从表面上看，他们学习成绩差、学习能力不强，而实质上是由于学习动机不端正，学习缺乏动力，对学习的兴趣不浓、情绪不高，学习不刻苦和意志薄弱等因素造成的。

智力与学习成绩的好坏，智力与事业上能否取得成就，并非完全存在一致性关系。古今中外，历史上有许多大科学家、发明家，在学生时代并不是学习成绩拔尖者，但日后却在事业上取得了重大成就。例如，爱因斯坦首次报考工科大学，因植物和法文不及格而未被录取；法国数学家伽罗华两次考大学都落榜，但是他后来却提出了"群论"；英国杰出的生物学家达尔文，少年时期学习成绩很差，后来他提出了生物进化论，撰写出了不朽的著作《物种起源》；我国著名的数学家华罗庚，小学、初中时学习成绩不好，初中一年级时，数学经过补考才及格。相反，有些人在学校学习期间，考试成绩很好，但日后在事业上却终生无所作为。上述这些生动的事例，有力地说明了一个问题，一时的学习成绩并不能作为衡量智力（能力）水平的标准，更不能作为预测未来实际能力的指标。因此，对一个具有一般智力（智力正常）的人来说，将来能否成才，能否在事业上取得重大成就，关键在于他的非智力因素。事实上，任何一个取得重大成就的人，他们都具备良好的非智力因素，如果没有对其所从事的事业有执着的追求、浓厚的兴趣、坚韧不拔的毅力和强大的内在动机，就不可能获得事业上的成功。

当然，如果一个人既具备良好的智力因素，又具备良好的非智力因素，那么，他成才的可能性就更大了。笔者对智力超常学生的研究资料充分地证明了这个论点的正确性。1981年笔者对中国科技大学少年班学生（第三、四期）进行了智力和神经类型测试，其结果为：少年班学生不仅智力超群，其神经类型也显著不同于常态学生的分布。少年班学生中属灵活、稳定型的占73.07%，弱型无一人；而一般学生中灵活、稳定型的占20%左右，弱型占15%左右。超常生不仅具有非凡出众的智力，而且具有良好的非智力因素品质，如兴趣广泛、求知欲强、有理想、有抱负、有强烈的成就动机，并具有专注精神和锲而不舍的毅力。这些非智力因素的个性品质，使他们的智能潜力得以充分发挥。事实已经证明，这批少年大学生以特别优异的学业成绩，全部考取了国内外名牌大学的研究生，有的学生在国外成为最年轻的博士学位获得者，有的成为杰出的人才。这就说明，智能的形成和发展，一方面依赖于本人的天赋素质（自然素质），另一方面，也是更重要的方面，依赖于后天环境的教育、培养及个人的勤奋努力。总之归结为一句话：天才加勤奋加机遇等于成才、成功。

5. 能力的个别差异及鉴定

人的能力表现出的差异是客观存在的，马克思向来承认天赋的存在，即使将来科学技术的高度发展，生产力水平的大幅度提高，教育条件的不断完善，使社会的每个成员都有可能得到全面发展，也不意味着人们的能力都相同。了解和鉴定人与人在能力方面的差异，有助于人才的甄选、任用、培训、激励，有利于人力资源的开发，有利于早出人才、快出人才，出优秀人才、杰出人才。

（1）能力的类型差异

人的能力是多方面、多维度、多层次的个性心理系统，所以人的能力存在着各种各样的差异。例如，有的人视觉敏锐，观察能力很强；有的人耳听八方，反应敏捷；有的人语言流畅，表达能力很强；有的人过目不忘，记忆非凡；有的人思维活跃，联想丰富；有的人善于推理，富于创造；有的人运算能力极强；有的人操作能力极强；有的人写作能力很强；有的人运动能力很强；有的人善于管理；有的人善于交际；有的人具有很强的组织能力；有的人具有很强的指挥能力；等等。综合人在知觉、表象、记忆、语言、操作和思维等方面表现出来的个体差异，可将能力分为操作型、艺术型、管理型、思维型和综合型。

类型差异的划分是相对的，只是说明人的某一种能力占优势，并具有某种能力的特征，不同的能力类型并没有优劣之分，在任何类型的基础上，能力都可以得到高度的发展。

（2）能力发展水平的差异

人的能力发展水平存在着巨大的差异，产生这种差异的主要原因，除了先天的遗传素质外，主要取决于后天环境的影响和个体的主观能动性作用。

能力的遗传素质主要是指智力器官——大脑的结构与机能和感觉器官、运动器官的结构与机能。它们给能力的形成和发展提供了自然物质基础，没有这个前提和基础，任何能力都无法产生。

但是，能力的获得又是个体后天实践的产物，如书写、运算、绘画、唱歌等绝不是生来俱有的能力。一个刚生下来的婴儿，即使有一个健全的大脑，如果不给他丰富的社会体验的刺激，最终在智力上还是会有所欠缺。例如，从狼窝里发现的8岁狼孩（卡玛拉）的智力，只相当于6个月的婴儿，回到人类社会生活，经过耐心的教育、训练，到15岁时其智力只相当于2岁的幼儿，17岁时才达到4岁儿童的智力水平。

所以，能力发展水平的差异，是多种因素，如遗传因素、早期开发、家庭教育、学校教育、社会教育和个体实践等条件的不同，导致的能力发展方向和水平的不同。

从智力发展水平来看，人类智力的发展基本上符合正态分布，智力水平很高，即智力超常者占千分之三；智力水平很低，即智力低下者，占千分之六到千分之十；而大多数人智力属于中等水平，即正常智力。

可以这样认为，人的天赋素质是各种能力形成和发展的原始起点，而后天的环境、教育、个体实践及主观努力，乃是这种天赋素质的潜力得以充分发挥的重要条件。

（3）能力展示时间的差异

有些人是"才华早露"，在年龄很小的时候就展示出某方面的优异才能，这在心理学上称为"早慧人才"或"人才早熟"现象。据我国历史记载，初唐的王勃，6岁善文辞，9岁读汉书；晚唐的李贺，7岁就写出了著名的诗篇；白居易五六岁时就可即席赋诗。我国现代也出现了许多"超常儿童""英才儿童"。如中国科技大学从1978年以来开办了超常教育班（少年大学生），他们都是十四五岁就上了大学，进大学后有不少人又提前一两年考取研究生。也有些人到中年以后甚至到晚年才显露出非凡的才华，这种现象被称为"大器晚成"。然而，才华早露与大器晚成者毕竟是极少数，对于大多数人来说，中青年成才更具有普遍性。中青年人思维活跃、年富力强、体格健壮，既已掌握和积累了一定的知识，又有较丰富的实践经验，为其才能的发展与显露提供了良好的条件。

（4）能力形成的地域差异

人的能力的形成与发展还与地域经济、文化和自然条件的影响有关。例如，文人之乡、举重之乡、排球之乡、长跑之乡、杂技之乡、刺绣之乡、歌舞之乡等，对当地的青少年形成相应的才能起着极为重要的影响和导向作用。有人从中国大百科全书中遴选历代杰出的专家学者进行统计，结果发现，长江三角洲一带人才辈出，群星灿烂，我国历代杰出的名流学者很多都出于这一地区。杰出的专家学者分布情况是：江苏苏州102名，浙江杭州84名，北京58名，江苏常州57名，浙江宁波55名，福建福州54名，上海46名，浙江绍兴45名，江苏无锡38名，浙江湖州35名，陕西西安34名，江苏南京34名，河南洛阳28名，江苏常熟25名，江苏吴江25名，浙江嘉兴23名，湖南长沙22名，江苏宜兴19名，广东广州19名，江苏扬州18名。上述统计数据有力地说明了，人才的形成与发展同地域环境有着一定的关系。

由于人的能力存在着各种各样的差异，而社会的分工又需要各种不同的人才，因此对于各种能力和能力水平的鉴定，就成了培养人才、使用人才、管理人才的部门的实际需要。事实上，从古到今，世界各国都十分重视人才的选拔工作，不过随着科学技术的发展和进步，采用的方法、手段更为科学、客观，即由原来的定性测评发展为定量测评，由原来的单一文化测评发展为综合指标测评，由原来的主观测评发展为客观测评，由原来的观察、自述测评法发展为科学实验测评法。

（三）性格

1.性格的概念

性格是个性最鲜明的标志，所谓性格是指一个人对现实的稳定态度，以及与之相适应并习惯化了的行为方式的个性心理特征。而那种偶然的情境性心理特征，不能称为一个人的性格特征。性格经常明显地体现在人的行为、态度和活动方式之中，每个人对现实的态度都有其相适应的习惯化的行为方式。正如恩格斯所说："人物的性格不仅表现在他做什么，而且表现在他怎样做。"例如，具有坚韧不拔性格的人，为了实现自己的理想和在事业上的执着追求，无论遇到什么困难和阻力都会坚持不懈地奋斗到底；而一个性格怯弱、意志不坚强的人，当遇到困难和挫折时，往往会对追求的目标产生动摇，甚至心灰意懒，结果一事无成。这就是说，性格表现既包括行为方式，也包括行为的动机和内容。人们在实践活动中怎样按各自的思维方法去思考问题，怎样表达自己的情感和体现自己的意志及最后怎样去行动，这些心理活动方式经常在类似的情境中不断出现，并具有一定的稳定性，以至达到习惯化，这便形成了人们各自具有的独特的性格特征。

性格具有预见性、可塑性和社会性等普遍性特性。性格的预见性表现在，当我们了解一个人的性格特征后，就能预见这个人在某种情况下将会采取什么态度和将要进行什么行动，并可以采取相应的措施，以达到教育、引导的目的。这样看来，如果你作为一个单位和部门的领导，要想把每个人的积极性都调动起来，做到用其所长，那么你必须了解每个人的性格特点，根据其特点和能力布置相应的任务，这样才能收到预期的良好效果。

性格的可塑性是说明一个人的性格在某种特定条件下可以发生变化的一面。性格的形成受环境、教育，以及个人实践活动等因素的影响，它是个体在生活实践过程中潜移默化、自然地塑造出来的。所以，性格的可塑性表现出年龄越小其可塑性越大的特点。性格一旦形成以后，就将具有相对的稳定性。一般成人的性格是不易改变的，除非在人生道路上遇到重大事件、重大变革等因素。由于性格在低年龄阶段具有较大的可塑性，所以，塑造良好的性格特征必须从婴幼儿开始抓起。

性格的社会性表现在，第一，人们可以根据社会道德标准来评价性格的优劣、好坏。例如，直率、诚实、认真、负责是优良的性格特征，对社会有积极的影响；奸狡、虚伪、敷衍、草率是不良的性格特征，对社会有消极作用。第二，在不同的社会历史时期或生活在同一社会的具有不同地位、不同文化层次、不同职业及不同地域的人可以形成不同的典型性格类型。例如，20世纪中期以前的工人、农民，他们的性格特征表现为纯朴、憨厚、老实、善良，富于同情心；部分商人的性格特征是奸狡、虚伪、唯利是图、贪得无厌；部分知识分子的性格特征是清高、自尊、举止文明、谈吐文雅；部分小市民的性格特征是自私、贪小便宜、只顾眼前、斤斤计较；等等。

2.性格的结构与分析

性格是十分复杂的心理构成物，它包括了各个不同的侧面。为了了解性格的结构，我们可以做如下的分析。

（1）对现实态度的性格特征

对现实的态度是性格的最主要特征。人对现实的态度是多方面的，形式也是多种多样的，概括起来主要表现在对人、对事、对己等三个方面。

第一，对社会、对集体、对他人的态度上的性格特征。例如，是爱祖国、爱社会、爱集体、爱同志而廉洁奉公、公而忘私、助人为乐、富于同情心、热情正直、礼貌待人，还是坑害国家和集体的利益、损人利己、奸狡虚伪、心狠手辣、粗暴无理等。

第二，对劳动、工作、学习上的态度的性格特征。例如，是勤勤恳恳、认真负责、不怕困难、勇挑重担、改革创新，还是懒惰、马虎、不负责任、得过且过、不求上进等。

第三，对自己的态度上的性格特征。例如，是严以律己、自信、自尊、诚挚、谦逊、勇于自我批评，还是放纵自己、自满、自负、虚荣、文过饰非等。由此可知，对现实态度的性格特征所涉及的内涵，多数是与社会道德品质有关的内容，它是性格的核心部分。

（2）性格的意志特征

一个人的行为方式往往反映出性格的意志特征，它是指一个人在自觉调节自己的行为方式和水平上表现出来的心理特征。主要包括以下四个方面。

第一，对自己行为目的明确程度及受社会规范所约束的意志特征。例如，自觉性、独立性、组织性和纪律性，或盲目性、冲动性、依赖性和散漫性等。

第二，对行为的自觉控制水平的意志特征。如主动性、自制性，或被动性等。

第三，在紧急和困难情境下表现出来的意志特征。如镇定、果断、勇敢、顽强，或惊慌失措、优柔寡断、胆怯、灰心丧气等。

第四，长期坚持工作、学习的意志特征。如坚韧不拔、持之以恒、有忍耐性，或见异思迁、时冷时热、缺乏毅力等。

性格的意志特征是受人的世界观、道德观所制约的。所以，在人的社会化过程中有计划地、科学地进行社会道德教育、世界观教育和行为规范教育，对人的性格的形成具有十分重要的作用。

（3）性格的情绪特征

一个人的情绪状态影响着他的全部活动和行为方式，情绪特征包括以下几方面。

第一，情绪活动的强度。是指情绪对人的行为的感染程度和支配程度，以及情绪受意志控制的程度。有的人情绪强烈，难以控制，情绪一经引起就比较强烈，对身体、生活、工作都有较大影响；有的人冷静处事，情绪容易为意志所控制，情绪变化比较微弱，不易受到感染，情绪活动对身体、生活、工作产生的影响较小。

第二，情绪活动的稳定性。是指情绪的起伏和波动程度。有的人情绪易波动，时冷时热，变化无常；有的人易冲动，为一件很小的事情可能激动不已，大发雷霆；有的人情绪稳定、持久，面对荣辱不动声色，悲喜不惊。

第三，情绪活动持续的时间。是指情绪发生后产生的后作用时间的长短。有的人情绪活动一旦发生持续时间很长，对人的各个方面影响很大；有的人情绪活动持续的时间很短暂，一经发泄，就烟消云散，什么事情也没有了。

第四，主导心境。有的人总是保持愉快乐观、情绪饱满、奋发进取的主导心境；有的人则经常表现为多愁善感、抑郁消沉、萎靡不振的主导心境。

（4）性格的理智特征

性格的理智特征主要表现在认知方式的特点上，包括感知、记忆、思维和想象等。性格的理智特征主要表现在以下四个方面。

第一，感知方面的特征。有主动观察型（场独立性强）和被动观察型（场依存性强）。前者能根据自己的兴趣、爱好及本身内部提供的信息进行主动的观察，不易受环境因素所干扰，后者则明显的易受环境刺激因素的影响，易受暗示。

第二，记忆方面的特征。有主动记忆型和被动记忆型、快速记忆型和深刻记忆型、机械记忆型和理解记忆型。

第三，思维方面的特征。有独立思考型和依附思考型、详细分析型和概括型、快速思考型和精确思考型。

第四，想象方面的特征。有现实想象型和幻想型、广阔想象型和狭窄想象型。

3. 性格形成的社会条件与自我教育

社会生活实践是性格形成的决定因素，没有先天具有的一成不变的性格。一个人勇敢或胆小、开朗或拘谨、诚实或虚伪、自信或自卑、勤奋或懒惰等性格的养成，一方面受生物因素的影响和制约，另一方面，更重要的是受社会环境因素的影响和制约，性格是个体在社会化的过程中逐渐形成的。通过学习、训练、教育、培养和自身体验可以改造自身原有的性格。

自我教育、自我体验在性格发展的一定阶段起着非常重要的作用，它是一个人性格形成发展中由被动转为主动的一次大的飞跃。实现这个飞跃的年龄越小（儿童和少年），其自我意识也就越强。人的自我意识、自我修养、自我教育是性格形成的基本条件。青少年时期是自我意识发展的关键时期，他们有主动了解自我、分析自我的性格的强烈愿望，家长和教师要帮助、鼓励和引导他们进行自我修养，经常以自我鼓励、自我分析、自我誓约、自我指示、自我监督和自我评价的方法进行自我教育，这对培养青少年的良好性格具有很大的作用。因为任何外部条件的影响都必须在主客体相互作用的过程中，通过人的心理活动而发生作用。例如，守纪律、负责任和踏实肯干等性格特征的形成，都是在接受和领会了外部社会要求后，逐步转变为对自己的内部要求的过程，使个体能适应社会的要求，以达到心理与外部环境的平衡。

第五章　人才测评中的心理测验

第一节　心理测验概述

心理测验是现代人才测评过程中的一种非常重要的技术，它是经过科学研究精心设计的产物。许多组织不但用心理测验来挑选员工，而且也用其来确定哪些员工具有比现任职位更高的能力，从而予以提升。

一、心理测验的概念

关于心理测验的界定，目前存在许多种不同的阐述。如认为心理测验是在控制的情境下，向被测评者提供一组标准化的刺激，以所引起的反应作为代表行为的样本，从而对其个人行为做出量的评定。也有人认为心理测验是指心理和教育测验所有可能的运用、应用及其基本概念。它主要用于评价个体之间的差异，测量个体在能力和人格上的不同特点，并假定在测验上显示的这些差异反映了个体间真实的差异。一般来说，学者公认心理测验是通过观察人的少数有代表性的行为，对于贯串在人的行为活动中的心理特征，依据确定的原则进行推论和数量化分析的一种科学手段，是对行为样组客观的、标准化的测量。但是它与心理测量有一些不同，心理测量是通过科学、客观和标准的测量手段对人的特定素质进行测量、分析和评价。

心理测验之所以引起广大人才测评者的极大兴趣和强烈关注，与其具有的一系列优点是分不开的。从实际运用的情况来看，心理测验操作比较简便，一般花上一两个小时就可完成对一批人的施测。与此同时，心理测验的记分和解释比较客观，因为测验通常都是由客观题组成的。最后，心理测验的结果反馈比较快捷，特别是由于计算机的发展，可以在计算机上施测，这样完成测验就能马上得到结果。

虽然心理测验具有一些其他测评方法难以比拟的优点，但其在人才测评活动中的不足之处也是比较明显的。心理测验的开发周期长，编制一个测验需要花费几年的时间，而且从测验内容的确定到测验的标准化，通常要耗费大量的人力、物力和财力。由于心理测验这种测量方式的局限性，使得许多能力和个人特点无法准确地测量出来。心理测验的变通性比较差，一般无法根据测量的具体情境对测量内容加以调整。因为测验一旦编制出来，其题目构成、计分方式和结果解释便固定不变了。如果需要改变，测验就需要重新修订，这又得花费很长时间才能完成。由于这些原因，当测评者决定选用心理测验来进行人才测评时，往往很难找到非常适合的测验版本，从而限制了心理测验在人才测评活动中的运用。

二、心理测验的基本要素

心理测验是对行为样本的客观性和标准化的测量。心理测验有五个基本要素：行为样本、标准化、难度、信度和效度。

（一）行为样本

人们对一类事物的某种特征进行考查时往往无法对这类事物的每一特定情况进行逐个观察，而总是抽取这类事物中有典型代表性的一部分进行观测，进而推论该类事物的普遍特征。在心理测验中，抽取出来的具有典型代表性的这一部分就称之为行为样本。

行为样本要典型，具有代表性。每个心理测验都有一组或多组测验题目，由这些题目引起被测评者的行为反应，然后根据被测评者的行为反应来推论被测评者的心理特性。如果要正确、可靠地推论被测评者的某个心理特性，必须有典型、能代表这一心理特性的行为样本。也就是说，测验题目的性质和数量要有代表性，能够获得所要预测的心理行为。

（二）标准化

标准化是指测验的编制、实施过程、记分方法、对测验结果的解释都要有严格的标准，必须一致，要保证测验的条件对所有的被测评者相同、公正。此外，还要建立常模，给测验分数提供比较的标准，从而对测验分数进行解释。

心理测验的标准化包括测验题目的标准化、施测过程的标准化、计分程度的标准化和分数解释的标准化四个方面。

①测验题目的标准化是指对于所有属于同一群体的被测评者而言，测验题目本 身不存在差异；

②施测过程的标准化是指必须保证所有被测评者在相同的环境中，接受施测并得到标准化的测量指导说明，只有这样才能确保测验结果不受其他无关因素的影响；

③计分程度的标准化是指不同的计分者对于同一被测评者的同一份测验答案的计分方法和积分结果是相同的；

④分数解释的标准化是指获得相同测评分数的被测评者得到相同的分数解释。

（三）难度

测验题目的难度水平影响到测验的客观性。一般的心理测验都要经过试测，根据试测中通过项目人数的多少来决定难度。通过项目的人数越多，则题目越容易，反之则越难。通常将测验题目过于容易导致大部分被测评者得分普遍偏高的现象称为"天花板效应"；而将测验题目过难导致大部分被测评者得分普遍偏低的现象称为"地板效应"。因此，在试测后，要把被测评者得分普遍偏高和得分普遍偏低的题目删除，保留难度适中的题目，以保证测验的区分度。

（四）信度

信度是指测试结果的可靠性或一致性。信度只受随机误差的影响，随机误差越大，信度越低。因此，信度可以视为测试结果受随机误差影响的程度。信度评估的主要方法有重测信度、复本信度、内部一致性信度和评分者信度。

（五）效度

效度是指测验结果的正确性、有效性程度，即测量工具确能测出其所要测量特质的程度。效度是科学的测量工具所必须具备的最重要的条件。在心理测验中，对作为测量工具的问卷或量表的效度要求较高。鉴别效度须明确测量的目的与范围，考虑所要测量的内容并分析其性质与特征，检查测量的内容是否与测量的目的相符，进而判断测量结果是否反映了所要测量的特质的程度。评估效度的方法主要有内容效度、预测效度和构想效度。

三、心理测验的类型

根据不同的标准和不同的用途，可以对心理测验进行不同的分类。

（一）标准化测验和非标准化测验

按照测验质量的要求，可以将心理测验划分为标准化测验和非标准化测验。标准化测验是通过标准化程序获得的测验，非标准化测验是指一些非正式形式的、未经标准化的测验，如教师自编的课堂测验。

（二）认知测验和人格测验

按照测验的具体对象，可以把心理测验划分为认知测验和人格测验。认知测验测评的内容是认知行为，通常包括成就测验、智力测验和能力倾向测验。成就测验主要测评人的知识和技能，这是对认知结果的测评。智力测验主要测验认知活动中较为稳定的行为特征，是对认知过程或认知活动的整体测评。能力倾向测验是对人的认知潜能的测评，是对认知活动的深层次测评。人格测验是用来评价、测量人的情绪、兴趣、态度、价值观、动机和性格等非认知的特点的。

（三）速度测验和难度测验

按照测验中是否有时间限制，可以把心理测验划分为速度测验和难度测验。速度测验时间限制非常严格，几乎没有一个人能够在规定的时间内完成全部题目。相反，难度测验时间限制并不严格，但测验包括许多困难的项目，它所测验的是人们解答难题的最高能力。

（四）最高作为测验和典型行为测验

按照测验要求，可以把心理测验划分为最高作为测验和典型行为测验。前者要求被测评者尽可能作出最好的回答，而且有正确的答案，如能力测验、学绩测验均属此类。后者要求被测评者按照日常习惯回答，无正确答案，所有人格测验均可称为典型行为测验。

（五）个别测验和团体测验

按照测验的实施对象，可以把心理测验划分为个别测验和团体测验。个别测验在某一时间内只能测量一个人。团体测验能够在某一时间内测量许多人。个别测验的优点是测评者对被测评者的行为反应有较多的观察机会，某些特殊对象只能进行个别测验。团体测验的优点是能够在短时间内收集大量的材料，测评者不必经过训练就可以担任。但是其缺点则在于对被测评者的行为不易控制，容易产生误差。在有些情况下，团体测验可个别实施，但个别测验不能以团体方式实施。

（六）纸笔测验和操作测验

按照作答方式的不同，可以把心理测验划分为纸笔测验和操作测验。纸笔测验是典型的文字测验；操作测验有的属于非文字测验。

（七）常模参照测验和标准参照测验

根据测验结果的分数如何解释，可以把心理测验划分为常模参照测验和标准参照测验。在常模参照测验中，常模是指同一情况被测评者的一般作为。就是说在测验时应选择与被测评者最接近的常模分数作为比较的标准。标准参照测验是在和一组规定明确的能力标准对比之下，对被测评者的测验成绩作出解释而制订的测验。

四、心理测验的编制

如上所述，依据不同的标准，可以对心理测验进行不同的分类。虽然各种心理测验由于其性质和用途的不同，在编制方法上也不尽相同，但心理测验的基本原理是共同的，因此我们可以概括出编制测验的一般程序。

（一）确定测验的目的与对象

测验的目的是指测验的用途。测验有许多不同的功用，测验的编制程序由于其目的不同而有许多变化。比如，常模参照性测验与标准参照性测验在测验编制过程中就有许多不同的侧重点。

在编制测验时，还应该考虑受测团体的组成和特点。例如被测评者的年龄、智力水平、受教育程度、社会经济和文化背景及阅读水平等。受测团体的组成和特点不同，对测验的难度、取样范围、形式等要求也不同。

（二）确定并分析测量的目标

测量目标是指所编测验是用来测量什么心理变量的。在实际工作中，测验的编制者必须把测试目标转换成可操作的术语。这种过程一般可分三种情况：一是编制带有预测功能的心理测验，如职业兴趣或能力倾向测验，我们先要对所预测的活动做"工作分析"，确定使活动达到成功所需的心理特质，以及衡量是否成功的测验作业标准；二是编制针对某种心理特质的测验，先要给所测量的心理特质下一操作定义，然后计划通过哪些方面加以测量，例如有人将创造力定义为发散性思维的能力，即能对规定的刺激产生大量的、变化的、独特的、灵巧的反应，据此操作定义，一些测验便从反应的流畅性、变通性、独创性和精致性来测量创造力；三是编制标准参照测验，先要确定测验的内容，以及每项内容应掌握的程度（行为目标），然后设计一个双向细目表，作为编制测验的蓝图。

（三）测验题目的收集与编写

测验编制过程中最重要的步骤是测验题目的编写和收集。一般认为，为了有所筛选，编写出多于所需题目一倍到几倍的题目也不为过。

命题的基本原则有：①试题要符合测验的目的；②内容取样要有代表性；③题目格式不要被人误解；④语句要简明扼要；⑤既排除与答题无关的因素，又不能遗漏答题所依据的必要条件；⑥避免使用生僻的字句或词汇；⑦答案确定，不应引起争议；⑧题目间内容相互独立、互不牵连，对不同题目的回答不致相互影响；⑨题目不能含有答题倾向的线索；⑩题目内容不超出受测团体的知识水平和理解能力；⑪避开社会敏感性问题，如涉及社会禁忌或个人隐私的题目不应使用；⑫便于施测，评分简捷。

（四）测验的编排

在测验题目编写完成之后，需要请有关专家进行检查，并根据测验目的、性质与功能来选择和编排题目。具体编排形式可以采用并列直进式，也可以采用混合螺旋式。并列直进式是将整个测验按测题材料的性质归为若干分测验，在同一个分测验中的测题，则依其难度由易到难排列，如韦克斯勒成人智力测验（WAIS）。混合螺旋式是将各种类型的测题依难度分成若干不同的层次，将同等难度水平中不同性质和类型的题目组合在一起，再依难度渐次排列。此种编排的优点是可使被测评者对各类测题循环作答，从而维持兴趣，比如西智力量表。

（五）测验的预试和题目分析

为了获得被测评者对题目反应的材料，进一步筛选题目和为编排测验提供客观依据，必须将预备测验对一组被测评者施测。预试的目的一方面是了解被测评者对测验的适应情况，借以发现测验编制本身的缺陷；另一方面则主要是对测验及题目进行统计分析，取得必要的数量指标，以便筛选题目、组成正式测验。

预试完成后，可以根据预试结果进行题目分析。题目分析主要是确定题目的难度、区分度、备选答案的合适度等数量指标。根据分析结果，再行筛选题目，编制出符合要求的正式测验。

（六）将测验的使用标准化

为了使测量结果准确可靠，还必须将测验的使用进行标准化设置，因此进行标准化设置时要注意以下几点：①确保测验实施过程的规范性与统一性，包括测验指导语、测验时间、测验情境等；②制定客观的评分标准与解释分数的常模；③务必使测验的效度与信度达到一定的要求。

第二节　能力测验

能力是直接影响人的活动效率，促使活动顺利完成的个性心理特征。能力包括两重含义：一是已经表现出来的实际能力，这种能力可以用成就测验来加以测量，二是潜在的尚未表现出来的心理潜能。这种潜能通过学习或训练后有可能发展起来。这种能力可以用能力倾向测验来加以测量。与此同时，能力又可以分为一般能力和特殊能力。一般能力又称为智力，是指人们从事各种活动都必须具备的基本能力，特殊能力是人们从事某种专业活动所必备的一些能力的综合。

一、智力测验

（一）比奈–西蒙量表

比奈–西蒙量表是最早的智力测验量表。1904年法国教育部长邀请教育家和科学家组成一个委员会，探讨学校判断低能儿童的方法问题。法国著名心理学家比奈（Binet）当时是这个委员会的委员。他提出，要用一种测验法来找出学校中那些智力低常儿童，以便使他们转入特别班级，接受特殊教育。因此，他与医生西蒙合作，在1905年设计了第一个智力量表。该量表共包括30个测验题目，可以测量智力多方面的表现，如记忆、理解、手工操作等。

1908年，比奈和西蒙对1905年设计的量表进行了修订，测验项目由30个增加到59个，并且测验项目按照年龄来分组，组别从3岁至13岁。另外，修订后的量表运用了近代测验理论的基本思想，即测验的原理在于将个人的行为与他人比较并归纳，首次采用智力年龄作为衡量儿童智力发展水平的指标。因此，这是第一个年龄量表。

比奈–西蒙量表在1911年进行了第二次修订。量表的适用范围有所扩大，增设了一个成人题目组。除4岁组为4个项目外，其余每个年龄组均由5个项目组成，总项目数仍然为59个。

（二）斯坦福–比奈量表

比奈量表一经问世，便很快传到世界各国，众多的心理学工作者都根据本国的社会文化特点进行了修订。其中，最负盛名的是美国斯坦福大学推孟教授等人于1916年的修订版本，称为斯坦福–比奈智力量表。

在1916年，美国斯坦福大学推孟（Terman）教授根据美国的社会文化特点对比奈–西蒙量表作出了修订。该修订版不但对每个测验项目的实施程序及评分方法作出了详细的说明和规定，而且把智商概念运用到智力测验中，使智力分数能在不同年龄间比较，从而进一步发展和完善了比奈以智龄评定智力的方法。其公式为：智商（IQ）=智力年龄（MA）/实足年龄（CA）× 100。

1937年，推孟教授发表了第二个修订本。这次修订扩大了测量范围和水平。从1916年的3 ~ 13岁扩大到1937年的2 ~ 18岁。其中，从2岁到5岁，每半岁设置一个分测验，每个分测验有6个项目，每个项目代表1个月的智力；从6岁到14岁，每岁设置一个分测验，每个分测验也有6个项目，每个项目代表2个月的智力。此外，还设置一个普通成人组和三个不同水平优秀成人组的项目，从而使测验对象扩大到18岁的成年人。最后，在这次修订中，还编制了测验复本，由L型和M型两个等值测验构成。前者主要使用1916年原版的测验内容与方法，后者以动手操作的内容为主。

推孟教授在1960年发表了第三个修订本。这次修订主要有两个方面的变动：一是将1937年的L型和M型中最优秀的项目组合在一起，建构成LM型单一量表，适用于2岁至成年人；二是舍弃了传统的比率智商，采用了离差智商。1960年量表共有100多个项目，分属于20个年龄组，每个年龄组除正式项目外，还有一个备用项目。有些项目中包含一系列内容，类似一个分测验。在每个年龄组内，项目的难度大致相同。有些项目只在一个年龄组内出现，有些项目则同时在几个年龄组中出现，但要求的能力水平不同。

1972年的修订保持1960年量表的测验内容不变，但做了进一步标准化处理，主要是重新修订了常模。常模选自美国各地区、各社会阶层和各种经济状况的成员，其中包括黑人、白人、美籍墨西哥人和波多黎各人，量表常模取样的代表性有了显著提高。

1924年，南京高等师范学校陆志韦发表了他修订的《中国比奈-西蒙智力测验》。这套测验是根据1916年的斯坦福-比奈量表修订的，主要适合于江浙一带儿童使用。1936年，陆志韦与吴天敏合作，进行了第二次修订，使用范围扩大到北方。1982年，吴天敏进行了第三次修订，称作《中国比奈量表》。该量表共51个项目，从易到难排列，测试对象为2～18岁的儿童青少年，每岁3个项目，每项代表4个月的智龄。在结果解释上，采用了将个人成绩和同年龄组平均成绩相比较的离差智商。此外，吴天敏又根据临床的实际需要，编制了由8个题目组成的《中国比奈测验简编》，专供急于了解被测评者智力概况使用。

（三）韦克斯勒智力量表

美国临床心理学家大卫·韦克斯勒（David Wechsler）在临床心理学工作中发现，斯坦福-比奈量表在评估16岁以上成人的智力水平时表现出许多不足，便开始致力于心理测验的编制和研究工作，在智力测验方面作出了杰出的贡献。韦克斯勒智力量表（WAIS）是韦克斯勒于20世纪中期编制的三种智力量表的总称，是目前世界上使用最多的智力测量工具。它包括韦氏成人智力量表（WAIS），测量16岁以上成人的智力；韦氏儿童智力量表（WISC），用于6～16岁学龄儿童；韦氏幼儿智力量表（WPPSI），测量4～6岁半学龄前儿童的智力。这三种量表项目类别相似，只是内容及难度存在差异。韦氏三个量表既各自独立，又相互衔接，适用于4～74岁的被测评者，是国际上通用的权威性智力测验量表。本书只对1981年版本的韦氏成人智力量表的修订本（WAIS-R）进行介绍。

WAIS-R由11个分测验组成，包括言语和动作两个分量表。每个分测验内部的题目由易到难编排，言语分测验和操作分测验交替排列。各分测验的主要内容具体如下。

①常识测验：共29题，题目内容是从日常生活中选取的，尽量避免涉及特殊的或专业性较强的知识。它主要用于测量被测评者对日常事务的认识能力、一

般的学习能力和记忆能力。

②填图测验：共20张图片，每张图中都有缺失部分，要求被测评者指出来。它主要测量被测评者的视觉辨别和视觉记忆能力。

③背数测验：分顺背和倒背两部分。顺被时，测评者口述由几个数字随机组成的一个数字序列，要求被测评者复述出来。倒背时，测评者用同样方法呈现一个数字序列，要求被测评者反向复述出来。它用于测量被测评者的注意力和短时记忆能力。

④图画排列：由10组图片组成，每组图片以打乱的顺序呈现给被测评者，要求被测评者重新排序，以组成一个连贯的故事情节。它可测量被测评者的分析综合能力和知觉组织能力。

⑤词汇测验：包括35个难度不同的词汇，由易到难呈现给被测评者，要求被测评者读出来，并解释每个词的意思，主要测量被测评者的言语理解能力。

⑥积木图案：给被测评者9块积木，让被测评者每次根据测评者的图案来拼摆积木。这个测验用于测量被测评者的分析综合能力、知觉组织能力和视动协调能力。

⑦算术测验：共14个文字题，属小学程度，由测评者口头提问，被测评者心算并口头回答。它主要测量被测评者基本的数学知识和数学推理能力。

⑧拼图测验：将一个图形切割成几块呈现给被测评者，要求其拼凑成一个完整的图形，共4个图形板。它主要用于测量被测评者的知觉组织能力、概括思维能力和辨别部分与整体关系的能力。

⑨理解测验：共16题，要求被测评者说明在某种情况下应该做什么，为什么要遵守某种社会规则等。它主要用于测量被测评者运用实际知识解决问题的能力和社会适应能力。

⑩数字符号测验：呈现1～9个数字各对应一个符号的样例，要求被测评者根据样例尽快地在每个数字下填上相应的符号，主要测量被测评者建立新概念的能力和知觉辨别速度。

⑪类同测验：要求被测评者说明每对事物的相似点，共14对。它主要用于测量被测评者的抽象概括能力和逻辑思维能力。

1982年，在湖南医学院龚耀先教授主持下，由全国56个单位协作发表了

WAIS的中国修订本，简称WAIS-RC。中国修订本更改了不适合我国文化背景的项目，保留了其他内容。项目的顺序则根据我国常模团体测验结果作了适当的调整。

WAIS中国修订本建立了城市和农村两个常模，WAIS中国修订本各分测验在不同年龄组的分半效度为0.30～0.85，言语量表和操作量表的重测信度是0.82和0.83，全量表的重测信度为0.89。

（四）瑞文推理能力测验

瑞文推理能力测验是英国心理学家J.C.瑞文（J.C.Raven）于1938年编制的，它采用非文字的形式，主要测量一个人的观察能力和清晰的形象思维推理能力，被认为是信息处理、推理思维、问题解决过程中表现出的能力，以及发展关系和利用自己所需信息，有效地适应社会生活等的能力。相对而言，该测验不受言语、文化教育及生活经验的影响，而是取决于人们的天赋，例如对关系的认识、类比、机械记忆能力、简单推理能力等。它不同于可习得智力，不是长期学习的结果而是天生的。

瑞文推理能力测验包括标准瑞文推理测验和高级瑞文推理测验两个版本。标准瑞文推理测验适用于5.5岁以上智力发展正常的人，施测时间为20分钟。总共包含60个问题，分为A、B、C、D、E五组，每组12题，排列由易到难，方便易行，能在短时间内迅速测量出被测评者的推理能力。高级瑞文推理测验通过非言语抽象图形的推理任务，测查智能发展水平优秀者，也就是瑞文标准推理测验结果百分位在90%或以上者的个体心智能力。在难度上要高于标准瑞文推理测验，是标准瑞文推理测验的高级版本。该测验分两个系列共48个题目，其中第一系列12题（练习部分），第二系列36题（测验部分）。练习部分作为练习用，分数不计入总分，测验部分的施测时间为40分钟，测验结果作为最终分数。每个题目包括一个部分缺失的图形或图形系列，要求被测评者根据推理从八个备选项中选择一个正确答案填补缺失部分。时间为40～60分钟。需要注意的是，测验开始后，应注意被测评者前5题是否正确，如未答对，应再重复一遍指导语，让其再考虑一下，以便判断被测评者是否理解题意。

1985年，我国心理学家张厚粲开始主持瑞文标准推理测验中国城市版的修订工作。修订中基本保留了原测验的题目形式及指导语，测验常模团体根据人口普查资料取自全国大、中、小城市。瑞文标准推理测验中国城市版的分半信度为0.95，再测信度在0.79～0.82之间，与WISC的中国修订本的各分量表及全量表的相关系数在0.54～0.71之间，与高考总分的相关系数为0.45。

二、一般能力倾向成套测验

一般能力倾向成套测验（GATB）最初是由美国劳工部从1934年开始，花费10多年时间研究制订的，后由美国劳工部就业保险局于20世纪50年代出版、20世纪70年代修订。它是对许多职业群同时检查各自的不适合者的一种成套测验，是职业咨询和安置中最有效的一套测验。GATB是在各种职业团体施测几十个测验后进行因素分析的基础上编制的，为美国各州就业办事机构所采用，并为其他国家制定能力倾向成套测验所借鉴。这个成套测验包括名称比较、算术、三维空间、词汇、工具相配、算术推理、形状相配、作记号、放置、转动、装配、拆卸等12个分测验，前八个分测验为书面测验，后四个分测验为器具测验，可以用来测量一般智慧能力、言语能力、数字能力、空间能力、形状知觉、书写知觉、运动协调、手工灵巧和手指灵活等九种能力。GATB适用于初三以上年级的中学生及成年人，测量方式为团体测验，测验时限为120～130分钟，主要用于职业指导和就业咨询。由于这套测验在许多国家被广泛使用，因而备受推崇。后来，日本劳动省将GATB进行了日本版的标准化，制定成《一般职业适应性检查》（1969年版）。这套测验主要是实现对许多职业领域中工作所必需的几种能力倾向的测定。它由15种测验项目构成，其中11种是纸笔测验，其余4种是操作测验，两种测验可以测定9种能力倾向。这9种能力倾向对完成各种职业的工作都是必要的。它们分别代表几种能力。

①G——智能。

指一般的学习能力。对测验说明、指导语和诸原理的理解能力、推理判断的能力、迅速适应新环境的能力。

②V——言语能力。

指理解言语的意义及与它关联的概念，并有效地掌握它的能力。对言语相互关系及文章和句子意义的理解能力，也包括表达信息和自己想法的能力。

③ N——数理能力。

指在正确快速进行计算的同时，能进行推理，解决应用问题的能力。

④ Q——书写知觉。

指对词、印刷物、各种票类之细微部分正确知觉的能力。能直观地比较辨别词和数字，有发现错误或校正的能力。

⑤ S——空间判断能力。

指对立体图形及平面图形与立体图形之间关系的理解、判断能力。

⑥ P——形状知觉。

指对实物或图解之细微部分正确知觉的能力。根据视觉能够对图形的形状和阴影部分的细微差异进行比较辨别的能力。

⑦ K——运动协调。

指正确而迅速地使眼和手相协调，并迅速完成操作的能力。要求手能跟随着眼睛看到的东西正确而迅速地做出反应动作，并进行准确控制的能力。

⑧ F——手指灵巧度。

指快速而正确地活动手指，用手指很准确地操作细小东西的能力。

⑨ M——手腕灵巧度。

指随心所欲地、灵巧地活动手及手腕的能力。如拿着、放置、调换、翻转物体时手的精巧运动和腕的自由运动能力。

以上9种能力中的任何一种，都需要通过一种测验获得。

三、创造力测验

创造力是智能的综合体现，创造力测验的目的是评定个体创造力的高低，它对青少年创造力的培养和潜能的开发与预测都具有积极的意义。由于创造力的定义，尤其是其操作定义，一直是心理学研究领域中众说纷纭、争论不休的话题，为此不少心理学家根据自己对创造力的界定和理论构想，设计出了相应的创造力测验。从总体上看，大家基本上都承认思维的新颖性、独特性、流畅性、变通性等是发散性思维的品质特征和创造性活动的基础。因此，绝大多数的创造力测验都把重点放在测量发散性思维能力上。

（一）吉尔福特发散思维测验

吉尔福特和他的同事们设计的发散思维测验，是20世纪50年代在美国南加利福尼亚大学完成的，所以又称之为"南加利福尼亚大学发散思维测验"。该测验共有词语流畅性、观念流畅性、联想流畅性、表达流畅性、非常用途、解释比喻、用途测验、故事命题、推断结果、职业象征、组成对象、略图、火柴问题、装饰等14个分测验组成，用来测量11种能力因素。

上述前10个分测验用言语反应，后4个分测验用图形反应。该测验主要从流畅性、变通性和独特性三个方面分别计分。个体在发散思维各个特性，以及同一特性的不同侧面的发展水平上存在着个别差异。该测验适用于初中水平以上的青少年和成年人，分半信度在0.60～0.90之间，测验手册中报告了每个分测验的因素效度，但效标效度的资料极少。

（二）托兰斯创造思维测验

托兰斯创造思维测验是在吉尔福特"智力结构"理论和发散思维测验的基础上，由美国学者E.P.托兰斯（E.P.Torrance）编制而成。该测验包括托兰斯图形创造性思维测验、托兰斯语文创造性思维测验、托兰斯声音和词的创造性思维测验三种，每种测验都备有复本。

托兰斯图形创造性思维测验包括三项活动：①建构图画，要求被测评者将一个边缘为曲线的彩色纸片贴在空白图画纸上，以此为起点建构一幅有趣的故事画；②完成图画，利用少量不规则线条画出物体略图；③平行线绘图，利用成对的平行线画出尽可能多的不同图形。

托兰斯语文创造性思维测验包括七项活动：①发问，让被测评者面对一张有趣的图画，说出他为了解图中之事而需要询问的所有问题；②猜想原因，列举图中之事产生的所有可能原因；③猜想结果，列举图中之事产生的所有可能结果；④产品改进，对给定玩具提出改进意见；⑤非常用途，列举一件普通物体不同寻常的用途；⑥不寻常的疑问，对一件普通物体提出不寻常的问题；⑦推断结果，列举一种假想事件的所有可能后果。

托兰斯声音和词的创造性思维测验包括音响想象和象声词想象两项活动，以录音磁带重复呈现三次刺激，要求被测评者听到声音后想象出有关的事物或活动。

托兰斯测验测量的是表现于学校教育背景中的创造力，适用对象包括从幼儿园到研究生等在内的在校学生。该测验评分者信度在0.80~0.90之间，复本信度和分半信度在0.70~0.90之间。但在手册中并没有提供充分有效的效度证据。

第三节　职业能力倾向测验

职业能力倾向测验是了解个体在职业领域中具有哪些潜力的有效手段。它可以帮助我们认识和选拔在某职业领域中最可能获得成功的个体，或者不录用在某职业领域中不可能获得成功的个体。本节主要就我国目前比较常用的职业能力倾向测验进行简单介绍。

一、一般职业能力倾向测验

我国心理学工作者通过实验研究和调查研究，在能力倾向和各种不同的职业之间建立了联系，这样我们就可以根据被测评者在职业能力测验的各个分测验上的得分，来评价个体在各种不同职业上的潜力。于是在我国便出现了种类众多的职业能力倾向测验，其中一类是一般职业能力倾向测验，它主要用于职业定向，通常包括一组涉及各种职业活动的分测验。《BEC职业能力测验（I型）》是1988年由北京人才评价与考试中心（BEC）参照美国教育与工业测验服务中心编制的《职业能力安置量表（CAPS）》而开发的，是我国最早的一个成套职业能力倾向测验。该测验包括机械推理、空间关系、言语推理、数学能力、言语运用、字词知识、知觉速度和准确性、手指速度和灵活性八个分测验。每个分测验都有时间限制，前6个分测验时限均为5分钟，后两个分测验时限为3分钟，共有36分钟时间。《BEC职业能力测验（I型）》的题目并不难，但因为时间的限制，想要答对所有的题目是不可能的。前6个分测验总计120道题目，可以采用机器阅卷评分；第7个分测验有100道题目，可以采用套版判分；第8个分测验有400组箭头，要求正确连接，只能采用人工判分。

得到八个分测验的分数后，再根据需要进行数据处理。先按不同职业、不同权重，按一定的公式进行组合，得出在各个职业上获得成功的潜力分数，再给出最可能获得成功的职业类别和比较容易获得成功的职业类别。

《BEC职业能力测验（I型）》区分的职业类别有14个：①科学理论研究与组织；②科学实验研究；③工程设计；④熟练技术工作；⑤服务行业；⑥野外工作；⑦企事业管理工作；⑧商业性经营工作；⑨文秘工作；⑩新闻传播；⑪艺术创作；⑫工艺美术；⑬行政管理；⑭行政或公益事务。

二、特殊职业能力倾向测验

《BEC职业能力测验（Ⅱ型）》是由北京人才评价与考试中心和北京师范大学心理测量咨询中心联合开发的，参照了美国的《特殊能力倾向测验（DAT）》版本，主要用于职业定向。其理论依据是：

①在某一特定的职业领域中，DAT相关测验的成绩与工作成就之间有明显相关。例如：在数学能力、机械推理和空间关系这三项分测验中工程师的成绩最好，技术专科学校的毕业生成绩次之，而非技术工人成绩最低。

②攻读学位的大学生平均DAT成绩高于未攻读学位的大学生，未攻读学位的大学生又高于未读大学而就业的人。

③在某些课程上表现突出的大学生，他们相应分测验上的DAT分数也高。

④大学生的言语运用和词汇测验的平均DAT成绩高于未读大学的人。

《BEC职业能力测验（Ⅱ型）》包括八个分测验，分别是言语推理、运算能力、抽象推理、文书速度和准确性、机械推理、空间关系、词汇测验及言语运用。上述分测验具有一定的时间限制。

三、专门职业能力倾向测验

专门职业能力倾向测验是用来考查被测评者在某一具体职业上的发展潜力，因此它的功能是选拔人员。常用的专门职业能力测验有飞行员素质测验、行政职业能力倾向测验、文书测验、推销人员测验等。下面以行政职业能力倾向测验为例进行介绍。

行政职业能力倾向测验主要用于国家行政机关招聘担任主任科员以下非领导职务的公务员，它是公务员录用考试的一个重要组成部分。经过大量的探索与实践，我国的职业能力倾向测验的信度和效度都已经达到了较高的水平，保证了在人员甄选和录用上的准确性和有效性。

（一）行政职业能力倾向测验的结构

参考国外的研究和经验，结合实际操作的可行性，我国的职业能力倾向测验主要选取了行政机关职业能力中最基本、最主要和最便于实际测查的五个方面来加以考查。

表5-1是职业能力倾向测验的试卷构成、各部分内容分配的题量及时间，以及各部分内容测量的目标。

表5-1 行政职业能力倾向测验内容结构

部分	内容	题量/道	时限/分钟	测试目标
一	知觉速度与准确性	60	10（单独计时）	各种中英文文字及数字、图形、符号的知觉加工速度及准确性
二	数量关系	15	10	基本数量关系的快速理解和计算能力
三	言语理解	20	25	中文词句含义理解能力、文章段落的准确理解、掌握运用程度
四	判断推理	40	30	图形关系、文章段落和社会生活等常识性问题的推理判断能力
五	资料分析	15	15	较简单的图、表及文字资料的阅读和分析能力
合计		150	90	

知觉速度与准确性测验的目的在于测查被测评者对事物细微特征进行快速、准确地识别和判断能力。这种测验采用了汉字、数字、英文字母三种符号，要求被测评者综合运用自己的感觉、知觉、短时记忆等心理过程，并运用自己的经验进行识别、比较、判断，是一种典型的速度测验。知觉速度与准确性测验的具体题型有词类对照、字符替换、同符查找、数字字位、数字核对五种形式，每次考试只使用其中的两种题型，每种题型30道题，并分别分成两组，考试时混合排列。该部分测验不设置很高的难度，每一个题目都比较容易，只要认真仔细就可以答对。为了区分个体的差异，对考试时间有严格限制，单独计时，在10分钟内完成60道题目。测验的判分采用答错题倒扣分的记分方法，即考生得分等于答对数减去答错数，这就要求考生做得又快又准，从而增加了测验的难度，也在一

定程度上消除了猜测的成分，提高了测验的信度。

数量关系测验是测查被测评者对数量关系的理解与计算能力的一种测验。尽管数量关系测评的内容都是小学加减乘除四则运算，但要在限定的时间内准确完成所列题的计算是相当困难的。该测验主要从数字推理和数学运算两个角度来测查，含有速度测验和难度测验的双重性质。测验的目的不在于考查被测评者的数字知觉能力，而是测查被测评者发现规律、认识规律、利用规律的能力，实际上测查的是个体的抽象思维能力。

言语理解和表达反映了一个人在现代社会中运用语言文字信息，进行交流与沟通的重要能力，是行政机关日常文字工作涉及的最基础的能力成分。言语理解测验主要考查被测评者对言语的理解与表达的准确性、规范性的能力。这项测验涉及词语替换、选词填空、词句表达、阅读理解等方面，只限汉语，不涉及古代汉语和其他民族语言，也不考查被测评者对口头言语能力的理解和运用。

判断推理测验主要考查被测评者的逻辑推理判断能力。测验主要考查的是类比推理、等递推理和演绎推理等，所用的材料主要有图形和语言文字两大类。试题分为事件排序（考查被测评者在未掌握全部必要事实的情况下解决问题的能力）、常识判断（考查对事物产生的因果关系归纳推理的能力）、图形推理（考查抽象推理能力）、演绎推理（考查逻辑推理能力）、定义判断（考查运用标准进行判断的能力）五大类，现在考试中经常采用前四类。

资料分析测验主要考查被测评者对各种资料（主要是统计资料，包括图表和文字资料）进行准确理解、转换与综合分析的能力。测验目的在于考查被测评者对图表等资料的理解、加工及综合分析能力，有适当比例的难度。被测评者应根据资料本身所提供的信息答题，不要凭借个体或资料以外的信息做出判断。另外，由于图表具有一定的专业性，被测评者应当具备一定的图表基础知识。

（二）行政职业能力倾向测验的施测

行政职业能力测验试题全部为单选题，测试材料分为试题本和答卷纸两部分。被测评者阅读试题本上的试题，然后用2B铅笔将答卷纸上相应的题号下所选答案的标号涂黑，不得在试题本上做任何记号。考后，答卷纸通过光电阅读机由计算机统一阅卷计分。因此，在参加考试时，被测评者务必准备好2B铅笔和橡皮。

行政能力职业倾向测试的施测也有着严格的要求，在测验开始后，将按照以下步骤进行。

①监考人员宣布考场要求。

②监考人员发给每位被测评者一页答卷纸，要求被测评者在约2分钟内按要求在答卷纸上填涂自己的姓名和考号。

③监考人员给被测评者两个试题本（一）、（二），其中（一）是第一部分的试题，（二）是第二部分至第五部分的试题。先给被测评者三分钟时间阅读试题本（一）前三页上的内容。第一页上的内容是考试注意事项，第二、三页的内容是知觉速度与准确性部分的说明和例题。读完这两部分内容后，被测评者应等监考人员的指示，不要擅自翻页，在整个考试中，如两次擅自提前翻页，监考人员有权取消被测评者的考试资格。

④监考人员宣布可翻页答第一部分的试题，开始计时，时限为10分钟，这部分题答错要倒扣分。如被测评者在规定时间内做完，不要往下翻页，可检查答案，等监考人员的指示。

⑤监考人员宣布第一部分考试时间已到时，应立即停止答第一部分的试题，将试题本（一）放在方便监考人员收取的桌角处，并立即打开试题本（二）开始答后几部分的试题。

第二部分到第五部分的试题不分别计时，共80分钟，但每一部分都给被测评者分别标出了参考时间，以帮助被测评者更好地分配答题时间。第二部分到第五部分的试题答错不倒扣分，被测评者可以根据自己的猜测来回答没有把握的问题。注意：第二部分到第五部分的试题的题号是从1～100排列的，与答卷纸上第二部分到第五部分的题号完全对应，被测评者答题时一定要对准题号。

参考文献

[1] 李永鑫, 王二博. 中国人才测评的发展趋势 [J]. 信阳师范学院学报 (社科版), 2006 (2): 25-29.

[2] 郑日晶, 蔡永红, 周益群. 心理测量学 [M]. 北京: 人民教育出版社, 2009.

[3] 凌文轮, 方俐洛. 心理与行为测量 [M]. 北京: 机械工业出版社, 2003.

[4] 谷向东, 邓希冯, 陈公海. 人才测评技术在组织人事管理中的应用研究 [J]. 管理观察, 2015 (29): 120-121.

[5] 戴海琦, 张峰, 陈雪枫. 心理与教育测量 [M]. 广州: 暨南大学出版社, 2007.

[6] 赫尔雷格尔, 斯洛克姆, 伍德曼. 组织行为学 [M]. 上海: 华东师范大学出版社, 2001.

[7] 叶仁敏, HAGTVET K A. 成就动机的测量与分析 [J]. 心理发展与教育, 1992 (2): 14-16.

[8] 陈祉妍. 内隐动机的测量 [J]. 心理学动态, 2001 (4): 335-340.

[9] 杜建政, 李明. 内隐动机测量的新方法 [J]. 心理科学进展, 2007 (3): 458-463.

[10] 张厚粲. 实用心理评估 [M]. 北京: 中国轻工业出版社, 2005.

[11] 陈全明, 张广科, 陈芳. 人才素质测评 [M]. 北京: 高等教育出版社, 2016.

[12] 冯立平. 人才测评方法与应用 [M]. 上海: 立信会计出版社, 2006.

[13] 钱铭怡, 武国城, 朱荣春, 等. 艾森克人格问卷简式量表中国版 (EPQ-RSC) 的修订 [J]. 心理学报, 2000 (3): 317-323.

[14] 苏永华. 现代人才测评理论与方法研究 [D]. 上海: 华东师范大学, 2000.

[15] 王垒, 姚宏, 廖芳怡, 等. 实用人事测量 [M]. 北京: 经济科学出版社, 2002.

[16] 胡月星. 评价中心与结构化面试 [M]. 银川: 宁夏人民出版社, 2007.

[17] 金瑜. 心理测验 [M]. 上海: 华东师范大学出版社, 2005.

[18] 黄娜. 面试及心理素质测评 [M]. 北京: 法律出版社, 2009.

[19] 李永鑫, 杨涛杰, 赵国祥. 中国古代人才测评思想初探 [J]. 河南大学学报(社会科学版), 2006(3): 136–140.

[20] 李泽元. 面试及心理素质测评 [M]. 北京: 中共中央党校出版社, 2009.

[21] 黄希庭. 心理学导论 [M]. 北京: 人民教育出版社, 1991.

[22] 陈蒙. 投射测验在人才测评中的应用 [J]. 智富时代, 2019(3): 197.

[23] 徐升, 王建新. 人才测评 [M]. 北京: 企业管理出版社, 2000.

[24] 费英秋. 管理人员素质与测评 [M]. 北京: 经济管理出版社, 2004.

[25] 林泽炎. 规范发展中国人才测评业的几点建议 [J]. 人才资源开发, 2007(4): 6–8.

[26] 贾月. 人才测评在培训需求分析方面的应用实践 [J]. 经济与管理, 2017(3): 43–46.

[27] 王继承. 人事测评技术: 建立人力资产采购的质检体系 [M]. 广州: 广东经济出版社, 2001.

[28] 张晓丹, 李丽平. 关于人才测评方法的分析 [J]. 经贸实践, 2015(11): 161.

[29] 王益明. 人员素质测评 [M]. 济南: 山东人民出版社, 2004.

[30] 郭晓蕊. 心理测验在人力资源管理中的应用 [J]. 知识文库, 2016(6): 27–28.

[31] 俞文钊. 现代人事测评原理与操作实践 [M]. 上海: 上海教育出版社, 2005.

[32] 海庆, 梁雨馨, 王世琼, 等. 基于VR技术的人才测评方法价值探究 [J]. 中国市场, 2021(16): 121–122; 140.

[33] 李军. 人才测评技术在人才选拔中的应用 [J]. 中外企业家, 2013(12): 123–124; 164.

[34] 赵曙明, 赵宜萱, 周路路. 人才测评理论、方法、实务 [M]. 北京: 人民邮电出版社, 2018.